나는 진심을 전하는
강사입니다

나는 진심을 전하는 강사입니다

선배 강사가 들려주는 6가지 롱런의 기술

초 판 1쇄 2024년 12월 11일

기   획 우희경
지은이 황정원, 이라미, 김소연, 이주랑, 한경아, 오영주
펴낸이 류종렬

펴낸곳 미다스북스
본부장 임종익
편집장 이다경, 김가영
디자인 임인영, 윤가희
책임진행 이예나, 김요섭, 안채원, 김은진, 장민주

등록 2001년 3월 21일 제2001-000040호
주소 서울시 마포구 양화로 133 서교타워 711호
전화 02) 322-7802~3
팩스 02) 6007-1845
블로그 http://blog.naver.com/midasbooks
전자주소 midasbooks@hanmail.net
페이스북 https://www.facebook.com/midasbooks425
인스타그램 https://www.instagram.com/midasbooks

© 황정원, 이라미, 김소연, 이주랑, 한경아, 오영주, 미다스북스 2024, *Printed in Korea*.

ISBN 979-11-6910-960-4 03190

값 19,000원

미다스북스는 다음세대에게 필요한 지혜와 교양을 생각합니다.

나는 진심을 전하는 강사 입니다

선배 강사가 들려주는 6가지 롱런의 기술

우희경 **기획** | 황정원, 이라미, 김소연, 이주랑, 한경아, 오영주 **지음**

미다스북스

"매력도 100%, 강사에 도전하라."

갈수록 팍팍해지는 사회입니다. 직업의 수명은 점점 짧아지고, 살아갈 날은 길어졌습니다. 직업에 대한 인식도 많이 바뀌었습니다. 과거에는 한 직장에 들어가면, 하나의 직업으로 평생을 먹고살았습니다. 이제는 20대에 들어간 회사에서 정년까지 채울 수 있는 사람이 많지 않을 겁니다. 설령 정년을 채웠다 하더라도, 퇴직 후 제2의 인생을 준비해야 되는 것이 우리가 처한 현실입니다.

요즘처럼 빠르게 변하는 시대, 커리어에 대한 고민은 연령층을 가리지 않습니다. 취업을 준비하는 20대, 육아로 잠시 일을 쉬고 있는 3040 엄마, 이른 퇴사나 퇴직을 준비하는 4050 세대까지. 아마도 평생 고민해야 할지 모르겠습니다.

제2의 직업을 고민하면서 많은 분이 생각하는 직업 중 하나가 '강사'입니다. 자신의 경험이나 지식으로 큰 자본 없이 도전할 수 있는 분야이기 때문입니다. 내가 알고 있는 지식이 전문성이 없다면, 한 분야를 정해 공부해서 시작할 수도 있죠. 그래서 '강사'는 한 번쯤 도전해 볼 만한 직업입니다. 강사는 직업의 특성상 내가 먼저 성장해야 합니다. 그 후에는 타인의 성장을 도와야 합니다. 시간이 지날수록 경력이 쌓이면서, 더 큰 내가 되고, 타인에게 영향력을 줄 수 있는 일. 그것이 강사라는 직업의 매력입니다.

많은 사람들을 만나면서 공통된 고민을 듣게 되었습니다. 퇴사나 퇴직을 앞두고 있거나, 다시 일자리를 구해야 하는 상황에 있는 분들이 '강사'라는 직업을 원한다는 거였습니다.

그분들의 커리어에 대한 고민을 들으면서, 강사라는 직업이 세컨드 커리어로서의 큰 메리트가 있겠다는 생각했습니다. 특히 요즘처럼 지식과 경험의 가치가 막강한 자본이 되는 사회에서는 한 번 도전해 볼 만한 일이죠. 문제는 어떻게 접근해야 할지 모른다는 겁니다. 하고 싶은 마음은 크지만, 맨땅에 헤딩해야 하는 상황이라면 답답하기만 합니다.

그런 분들을 위해, 이미 앞서 자리를 잡은 베테랑 강사님을 모셨습니다. 각자 다른 분야에서 일하고 있지만 그들의 조언을 들을 수 있다면 내가 가고자 하는 길에 용기를 받을 수 있으니까요.

이 책은 10년 이상 한 분야에서 일하며 경력을 쌓았던 강사님들의 노하우를 아낌없이 풀었습니다. 어떻게 처음 강사에 도전하게 되었는지부터, 어떤 철학을 가지고 일을 하는지, 롱런하기 위해서 어떤 방법과 태도를 가져야 하는지까지요.

그분들의 이야기를 하나하나 새기면서 강사로 도전하시길 바랍니다. 그러면 여러분들이 가고자 하는 길이 그리 어렵게 느껴지지 않을 겁니다. 부디 독자분이 이 책을 통해 '나도 할 수 있겠다.'라는 용기를 가지길 바랍니다. 그럼, 지금부터 6명의 베테랑 강사가 이야기하는 롱런하는 강사의 특급 비법을 공개합니다!

기획자, 우희경

1장 프로 학생이 프로 강사를 만든다

수학 강사: 황정원

2장 상대방을 이해시킬 수 있어야 강사다

영어 강사: 이라미

프로 학생이 프로 강사를 만든다

수학 강사: 황정원

책상 앞과 칠판 앞은
한 끗 차이

"선생님! 언제쯤이면 강의 준비가 좀 수월해질까요?"

얼마 전, 동료 선생님이 내게 물었다. 생각해 본 적 없는 질문에 잠시 멈춰 서서 나를 돌아보게 되었다. 언제부터 수월해졌는지 딱히 선을 그을 수는 없지만, 올해 들어 강의 준비에 부담을 덜 느끼고 있다는 걸 깨달았다.

나는 수학 강사다. 올해로 딱 10년 차가 되었다. 10년 동안 같은 일을 했으니 이제는 익숙해진 걸까? 전보다 강의 준비가 훨씬 수월해졌다. 그 덕분에 나도 모르게 여러 가지 새로운 일에 도전하고 있다. 지금, 이 순간 이 글을 쓰는 것도 그중 하나다.

누구에게나 첫 시작은 있다. 어떤 사람은 강사가 되기로 마음먹고 준비하기도 하고, 어떤 사람은 우연한 계기로 이 길을 걷게 되기도 한다. 나는 어땠을까? 나의 시작은 어쩌면 우연이지만, 운명처럼 다가왔다.

정말 오랜만에 강의실 책상 앞에 앉았다. 다시 학생이 된 기분에 설레기도 하고, 낯선 사람들 속에서의 시간이 걱정되기도 했다. 대학 시절, 나는 뒤에서 누군가 쳐다볼까 봐 맨 뒷자리에 앉곤 했던 내성적인 학생이었다. 하지만 이번에는 용기를 내어 앞에서 두 번째 자리를 선택했다. 차마 맨 앞 자리에는 앉지 못했지만, 다시 무언가를 시작하기 위한 나의 소심한 결의였다.

그날은 아들을 어린이집에 처음 보낸 날이었다. 몇 년 만에 갖게 된 혼자만의 자유 시간이었다. 나는 손꼽아 기다린 그 자유 시간을 기꺼이 공부와 바꾸었다. 내가 선택한 공부는 수학이었다. 보통은 졸업 후 다시는 공부하고 싶지 않다고 생각할 법한 수학을 내 발로 스스로 공부하러 가다니! 이상하게 생각할 것이 뻔해서 동네 엄마들에게는 말도 하지 않았다. 그만큼 나는 수학이 좋았다. 학창 시절 내내 수학을 가장 좋아했고 잘했다. 그래서 별 고민 없이 전공도 수학을 선택했다. 그러나 대학 입학 후, 이상하게 나는 더 이상 수학이 좋지 않았다. 전공 시간마다 도망치고 싶은 마음이 들었다. 그 이유를 깨닫는 데는 그리 오랜 시간이 걸리지 않았다.

수학이 싫어졌지만 수학과 학생이란 이유로, 대학교 1학년 때부터 아이들을 가르치는 일로 용돈을 벌 수 있었다. 그렇게 우연히 시작한 일이 한 명에서 두 명으로, 그리고 매일매일 오후 시간을 꽉 채울 만큼으로 늘어났다. 나는 다시 수학과 친해지고 있었다. 아이들을 가르치면서 내가 수학이 즐겁지 않았던 이유를 깨달았다. 그렇다. 나는 수학 자체보다 수학을 '가르치는 일'을 좋아하는 사람이었다. 그 후로 꽤 오랜 시간 아이들을 가르쳤다. 아이들이 좋은 성적을 받으면 내 일처럼 기쁘고 좋았다. 하지만 저녁은 늘 차에서 해결해야 했고, 정해진 퇴근 시간도 따로 없었다. 그 생활에 조금씩 지쳐갈 때쯤 결혼과 출산으로 인해 나의 수학 여정은 자연스럽게 멈추었다. 수학책과 노트를 다 버렸다. 조금의 미련도 없었다. 이제 다시 내 세상에 수학이 들어올 일은 없을 거라 생각했다.

그런 내가 다시 수학 공부를 시작한 이유는 단 하나였다. 육아로 멈춰 있던 내 머리를 다시 움직이게 하고 싶었다. 수학은 내가 가장 좋아하고 잘할 수 있는 분야였고, 내 아이들에게도 도움이 될 수 있었으니, 그보다 더 나은 선택은 없었다.

2014년 3월 첫 번째 목요일. 살면서 가장 큰 확신을 느꼈던 날이다. 지금 나에게 10년 넘게 가르침을 주고 계신 스승님이자 현재 내가 일하고 있는 미래수 대표님의 강의를 처음 들었던 그날이다.

운명처럼 그냥 알 수 있었다.

"아, 나는 앞으로 이 공부를 계속하겠구나."

10년 전 그날의 강의가 아직도 기억난다. 지금은 내가 가장 좋아하는 강의 주제인 '칠교'라는 교구를 이용한 수업이었다. 정확하게는 강의보다 강의로 받은 충격의 감정이 생생히 남아있다. 처음 보는 수학, 내가 모르는 수학이었다. 꽤 오래 수학과 함께 살아온 내가 풀 수 없는 문제들이었다. 심지어 초등학교 1학년들이 하는 내용이라고 했다. 나름대로 수학 전공까지 한 내가 초등학생 문제를 풀 수 없다는 사실이 나를 더 자극했다. 그날 이후, 나는 매주 목요일 아침 강의실에 가장 먼저 도착하는 학생이 되었다. 선생님보다도 먼저 강의실에 도착해 설레는 마음으로 수업을 기다렸다. 매일 매일 새로운 공부가 나에게 활기를 주었다. 수업 중에 내주신 과제를 풀고 싶어서 일주일간 매달려보기도 하고, 선생님의 질문에 조심스럽게 손을 들어 대답해 보기도 했다. 몇 개월째 앞에서 두 번째 같은 자리에 앉아 있는 나에게 선생님의 질문도 늘었다. 목요일 오전 10시. 일주일 내내 그 시간을 손꼽아 기다리며 살았다. 그렇게 공부한 지 8개월쯤 되었을 때, 같은 수업을 듣고 있던 분이 나에게 말을 걸어왔다.

"혹시 아이들 가르쳐볼 생각 있어요?"

알고 보니 그분은 수학학원 원장님이었다. 꽤 오랜 시간 뒷자리에서 나를 지켜보고 계시다가 제안한다고 했다. 뒤에서 나를 쳐다보는 게 싫어서 앞에는 앉지도 못했던 내가 뒤에서 나를 지켜봐 주신 분에게 함께 일하자는 제안을 받게 된 참 아이러니한 순간이었다. 다시 아이들을 가르치게 될 거라곤 생각조차 하지 않았었는데, 어느새 내 심장이 뛰고 있었다. 그렇게 나는 전혀 계획에 없었던 수학학원 선생님이 되었다.

　단지 내가 좋아서, 또는 내 아이에게 수학을 가르칠 생각으로 시작한 공부였다. 그런데 이제 더 많은 아이들을 가르치게 된 것이다. 수학학원에서 아이들을 가르치는 일은 무척 재미있었다. 나는 이번엔 매일 아침 학원에 제일 먼저 출근하는 선생님이 되었다. 늘 원장님보다 먼저 학원에 출근했다. 나의 일이 생긴 것이, 그리고 그 일이 내가 가장 좋아하고 잘할 수 있는 수학을 가르치는 일이라는 것이 참 신기하고 행복했다. 나에게 이런 멋진 제안을 해주신 원장님이 너무 고마워서 마치 내 학원인 것처럼 일했다. 수업 준비도 수업 연구도, 아이들과의 수업도 모두 다 즐겁기만 했다. 그럼에도 매주 목요일 아침 10시만큼은 나는 여전히 학생이었다. 아이들을 가르칠수록 공부는 더 절실하게 필요했다.

　그러던 어느 날, 여전히 가장 먼저 강의실에 도착해 있던 나에게 대표님이 질문을 하셨다.

"선생님! 혹시, 성인을 대상으로 강의해 볼 생각 있어요?"
"네! 기회가 되면 해보고 싶습니다!"

1초의 망설임도 없었다. 지금 생각해 보면 어디서 그런 용기가 나왔는지 모르겠다. 나중에 알고 보니 그 질문에 그렇게 대답한 사람은 내가 처음이라고 했다. 보통은 고민하다가 용기를 내지 못하거나 망설이고 자신 없어

하는 경우가 많았다고 했다. 그렇게 나는 공부를 시작한 지 딱 1년 만에, 수강생에서 강사가 되었다. 이제 내 자리는 책상 앞이 아닌, 칠판 앞이 되었다. 딱 한 걸음만 옮기면 갈 수 있는 거리지만 전혀 다른 세상인 것만 같았던, 성인을 대상으로 강의하는 강사가 된 것이다.

그렇게 올해로 나는 10년 차 강사이다. 10년째 오전에는 성인을 대상으로 강의를 한다. 많을 때는 100명이 넘는 사람들 앞에서, 적을 때는 서너 명 앞에서도 강의했다. 계획에도 없었고 상상조차 해본 적 없는 일이었다. 내가 비교적 단기간에 강사가 될 수 있었던 이유는 이미 완벽히 준비되어 있어서도, 특별한 재능이 있어서도 아니다. 좋아하고 잘할 수 있는 일을 찾았던 것, 순간마다 그 일에 최선을 다했던 것, 기회가 왔을 때 용기를 내었기 때문이다. 만약 강의할 수 있을 것 같은 완벽한 순간을 기다렸다면, 나는 지금도 여전히 준비만 하고 있었을 것이다.

나는 운이 좋게도 책상 앞에서 칠판 앞으로 자리가 바뀌는 데 1년밖에 걸리지 않았다. 누구에게나 일어날 수 있는 일은 아니지만, 누구에게도 일어날 수 없는 일도 아니다. 다시 수학 공부를 시작하지 않았다면, 두 번째 자리에 앉는 용기를 내지 못했다면, 수학학원 원장님의 제안을 받지 못했다면, 대표님의 질문에 망설였다면, 어땠을까? 어쩌면 때마다 나에게 주어진 선택의 순간, 그때는 미처 알지 못했을 한 끗의 차이로 내 인생은 바뀌었다.

어떤 일을 시작하기 위한 완벽한 준비는 없다. 최선의 준비와 약간의 용기가 필요할 뿐. 얼마 전 대표님이 많은 선생님 앞에서 나를 이렇게 소개한 적이 있다.

"성인 대상의 강의를 하려면 무엇보다 겁이 없어야 합니다. 제가 아는 한, 제 주위에서 가장 겁 없는 사람을 소개합니다."

그렇게 나는 겁 없이 강사가 되었다.

2

당신은 강의 철학이
있습니까?

　나는 참 운이 좋은 강사다. 학원에서 아이들을 가르치기 시작한 지 얼마 되지 않아 성인 대상의 강의도 시작하게 되었다. 성인을 대상으로 수업해 볼 생각이 있냐는 대표님의 질문을 받은 지 얼마 되지 않았을 때였다. 성인을 대상으로 강의한다는 것은 단지 단순히 강의 대상만 변하는 것으로 생각할 수도 있었지만 사실 전혀 다른 차원의 도전이었다. 대상이 넓어지고, 내용은 훨씬 깊어져야 하며, 양과 질 모두 성장해야 하는 과정이었다. 이는 강사로서 나에게 중요한 도약이자, 종과 횡의 성장이 필요한 시점이었다.

　강의 대상의 변화와 함께 가장 먼저 겪은 변화는 강의 시간이 오전으로 확대된 것이었다. 아이들 수업은 주로 오후에 이루어지기 때문에 오전에 수학과 관련된 다른 일을 할 수 있게 될 거라곤 생각하지 못했다. 하지만 성인 대상 강의를 시작하면서 나는 오전에도 출근하는 강사가 되었다.

　또 다른 변화는 다양한 기관에서 강의하게 된 경험이다. 매일 학원에 출근하던 나는 요일마다 다양한 곳으로 출근하며 새로운 강의 환경을 접하게 되었다. 물론 아직은 강의 요청을 받기보다는 내가 강의할 곳을 찾아야 했지만, 그 과정조차도 새로운 경험에 대한 기대감으로 설레었다.

그리고 가장 중요한 변화는 나 자신이었다. 성인들에게 수학을 가르치기 위해 더 많은 준비와 노력이 필요했고, 그로 인해 나도 모르게 성장하고 있었다.

내가 첫 강의를 하게 된 곳은 경기도 교육청 소속의 평생 교육기관이었다. 시설과 강의 환경이 매우 좋아 많은 강사들이 지원하는 곳이었다. 1차 서류심사를 통과하고 면접을 보러 오라는 연락을 받았을 때, 강사로서 첫 도전에 대한 기대와 긴장이 교차했다. 예상 질문들을 떠올리며 답변을 준비했고, 자기소개서를 몇 번이나 고쳐 쓰며 외웠다.

드디어 면접 당일. 긴장된 마음으로 면접관 앞에 섰다. 그날 받았던 질문이 아직도 생생하게 기억난다.

"수학은 아이들이 배워야 할 텐데, 성인들에게 수학 강의가 왜 필요할까요?"

전혀 예상치 못한 질문이었다. 아주 짧은 순간이었지만 겁 없이 시작한 강사의 세상이 시작되었음이 뼈저리게 현실로 다가왔다. 강사에게는 순발력이 매우 중요하다. 지금이라면 짧은 시간 동안 어떻게든 최대한 내 생각을 모았을 것이다. 하지만 그때는 모든 것이 낯선 새내기 강사였기에 그럴 여유가 없었다. 면접관들의 시선이 나에게 모였다. 생각할 틈이 없었다. 그 순간, 어쩌면 생각을 거치지 않았을 나의 대답이 나왔다. 그것은 이성보다 본능에 가까운 말이었다.

"저는 아이들이 행복하게 수학을 배웠으면 좋겠습니다. 그런데 아이들을 가르치다 보니 어른들의 생각이 바뀌지 않으면, 아이들이 즐겁게 수학을 할 수 없다는 걸 깨달았습니다. 그래서 학부모들의 수학에 대한 인식을 바꾸는 것이 중요하다고 생각합니다. 이것이 제가 성인 강의를 하고자 하는 이유입니다."

내가 어떻게 그런 대답을 했는지 모르겠다. 그동안 아이들을 가르치면서 느껴왔던 진심이 자연스럽게 입 밖으로 나온 것 같다. 나는 그날 새로운 사실을 알았다. 깊이 생각하지 않았을 때도, 마음 깊은 곳에 있는 나의 진심이 드러날 수 있다는 것을. 숨기고 싶어도 숨길 수 없는 본능적 진심 말이다.

그렇게 나는 최종 합격했다. '창의수학 지도법'이라는 제목으로 학부모를 대상으로 한 강의를 시작했다. 이 강의는 초등생 자녀를 둔 학부모들에게 교구를 활용한 수학 지도법을 알려주는 내용이었고, 매 분기마다 30명의 수강생 정원이 빠르게 채워졌다. 운 좋게도 대기자까지 생기며 강사로서의 순조로운 첫 출발을 시작했다.

그곳에서의 경력을 발판 삼아 나는 여러 기관에서 강의할 수 있게 되었다. 강사 경력 5년 차쯤, 또 다른 면접에서 면접관이 이런 질문을 던졌다.

"강의하다 보면 수강생들의 수학 실력에 편차가 클 수 있을 것 같은데, 그럴 때 문제가 없나요?"

이런 질문에 뭐라고 답할 수 있을까? 강사를 희망한다면, 또는 이미 강사로서 강의하고 있다면 면접장에서 이런 질문을 받았다고 생각하고 답을 떠올려보는 것도 좋을 것이다.

10년을 돌아보니 이 질문은 강의실에서 충분히 일어날 수 있는 일이다. 성인 수강생들은 아이들보다 훨씬 편차가 크다. 살아온 환경과 학습 수준은 물론 강의를 수강하는 목표나 연령대도 다양하기 때문이다. 이것은 처음 강사가 되었을 때 내가 걱정했던 점이기도 하다. 나보다 더 수학을 잘하는 사람이 오면 어쩌지? 수강생들의 갑작스러운 질문에 내가 제대로 답할 수 있을까? 이제 막 강의를 시작하는 사람이라면 누구나 공감할 것이다.

한 번은 개강하고 몇 달이 지나서야 휴직 중인 고등학교 수학 선생님이 내 강의를 듣고 있음을 알게 된 적이 있다. 질문이 예사롭지 않다고 생각은 했지만, 고등학교 수학 선생님이 수학 강의를 들으러 올 거라고는 전혀 상상도 못 했다. 그 이후 초등학교 교사, 수학교육 석사 출신, 입시학원 수학 강사 등 수학 실력이 뛰어난 수강생들을 많이 만났다.

물론 정반대의 경우도 있다. 너무 오랜만에 수학 공부를 다시 하다 보니 아주 간단한 계산 외에는 모든 수학 내용을 처음 보는듯한 반응의 수강생들, 그리고 환갑이 넘은 나이에 손주들의 수학 공부를 봐 주기 위해 오신 어르신까지. 수강생의 수학 실력이나 상황은 정말 천차만별이었다. 그렇다면 이런 상황이 강사에겐 곤란한 상황일까? 면접관의 질문에 나는 이렇게 답했다.

"전혀 문제가 되지 않습니다. 그 이유는 첫째는 지금 우리 아이들이 배우는 수학이 우리가 배운 수학과 너무 다르기 때문이에요. 수학 실력이 뛰어난 분이라 해도 지금 아이들이 배워야 할 수학은 모두 처음입니다. 특히 중·고등학생을 오래 가르친 분들은 초등학생들의 눈높이를 알지 못하기 때문에 오히려 어려울 수 있습니다. 그러니 제 강의는 모두가 같은 출발선 상에 있다고 생각합니다. 둘째는 제 강의가 우리의 학창 시절 수학 시간처럼 문제를 풀기만 하는 시간이 아니기 때문입니다. 저는 강의에서 어떻게 해야 아이들에게 수학을 즐겁게 가르칠 수 있는지 그 지도 방법을 알려드립니다. 그러니 수강생들의 수학 실력은 크게 중요하지 않습니다. 수학은 우리가 아니라 아이들이 잘하면 되니까요."

내 대답에 면접관들이 고개를 끄덕였다. 이번엔 본능적으로 답을 했다기보다 평소에 내가 갖고 있던 생각을 바탕으로 여유롭게 답을 할 수 있었다. 이제 조금은 초보 강사 티를 벗을 만큼 시간이 지나기도 했지만, 그동안 내 강의에 대한 철학과 정확한 방향성이 생겼기 때문에 답하는 것이 어렵지 않았다.

나는 수학 강사이지만 수학만 가르치는 강사가 아니다. 수학을 어떻게 가르쳐야 하는지를 강의한다. 그러니 조금 더 정확하게 말하자면 나는 수학교육 강사이다. 1 더하기 1이 2라는 것을 가르치는 것이 아니라, 아이들에게 1 더하기 1이 2라는 것을 어떻게 가르쳐줘야 하는지를 알려주는 것이

나의 일이다. 내 강의를 수강하는 대부분의 수강생들은 자녀를 직접 가르치고 싶어 하는 학부모이다. 성인들이 왜 돈과 시간을 들여서 수학을 배우러 오겠는가? 단순한 두뇌 유희를 위한 취미 생활만은 아닐 것이다. 내 수강생들 뒤에는 눈에 보이지 않지만 내가 늘 잊지 않고 떠올려야 할 아이들이 있었다.

"선생님, 지난주에 배운 대로 아이와 해보았더니 너무 좋아했어요~ 정말 신기해요~"

이런 이야기를 들을 때마다 나는 뿌듯함과 함께 큰 책임감을 느낀다. 그리고 그 책임감이 내 강의를 성장시켰다.

10년 전 첫 면접에서 받은 질문 덕분에 나는 내 강의의 목적과 방향성을 가지게 되었다. 그날 본능에 가까웠던 "아이들의 행복한 수학을 위해, 학부모의 생각을 변화시키고 싶다"는 나의 대답은 10년이 지난 지금까지 내가 하는 강의는 물론, 내가 하는 일들에 많은 영향을 주었다. 내 강의의 목적과 방향성에 '아이들'이 있었기에 내 앞에 앉아 있는 수강생들은 성인이지만 내가 하는 말, 내가 알려주는 교육법이 내가 본 적도, 알지도 못하는 아이들에게 전달될 수 있음을 늘 잊지 않고자 한다.

지금 생각해 보면 참 다행스러운 일이다. 강의에 철학이 있다는 것, 강사가 자신의 강의에 방향성을 갖고 있다는 것이 얼마나 중요한지 이제는 알기 때문이다. 목적이나 방향성이 없는 강의는 준비한 지식을 상대에게 전달하는 것으로 끝이다. 강의가 단편적일 수밖에 없다. 처음 강의를 시작할 때는 강의 자체가 목적이 되기 때문에 내가 강의하는 목적이나 방향성을 놓치기 쉬울 것이다. 사실 처음에는 매번 강의한다는 것만으로도 벅차다. 그러니 처음부터 그런 방향성이나 목적을 찾는 것은 매우 어려운 일이다. 하지만 혹시 강사가 되고 싶다면 나의 강의 철학을 꼭 찾길 바란다. 그리고 내가 하려는 강의에 대한 구체적인 방향 설정을 해보자. 대상은 누구인가, 나는 어떤 목적을 가지고 어떤 강의를 하려고 하는가, 그리고 그 강의를 내가 잘할 수 있는 이유는 무엇인가.

3
강의는
언제나 생방송이다

내가 현재 하고 있는 '창의수학 지도사' 강의는 개설되자마자 첫 모집에서 100명이 넘는 인원이 수강 신청을 했다. 당시 모집 정원의 다섯 배가 넘는 인원이었다. 이러한 수강생들의 관심 덕분에 나는 7년째 같은 기관에서 강의를 이어오고 있다. 대부분의 평생교육기관, 도서관과 같은 공공기관의 강사는 1년마다 계약이 이루어진다. 기관마다 차이가 있지만, 보통 매년 10월에서 12월 사이에 다음 해 강사 모집 공고가 나온다.

1차 서류전형을 위해서는 이력서와 강의계획서를 비롯한 여러 서류를 준비해야 한다. 미리 자기소개서, 이력서, 자격증 및 증명서를 준비해 두면 훨씬 수월할 것이다. 이름만 대면 누구나 알만한 유명 강사가 아닌 이상, 이전 해에 100명의 수강생이 몰렸든, 한 명도 오지 않았든 이 과정은 모두 동일하다.

1차 서류 전형에서 합격하면 2차 면접을 본다. 나 역시 10년째 매년 면접을 보고 있다. 면접의 형태는 다양하다. 같은 강의에 지원한 강사 두세 명이 함께 면접을 보기도 했고, 1대1 면접이 이루어진 곳도 있었다. 때로는 모두 다른 과목의 강사 4~5명이 한 번에 들어가 공통 질문에 답하는 경우도 있다. 그동안 나는 1차 서류 심사에서 떨어진 적은 있지만, 면접에서는 늘 최종 합격했다. 면접도 전략이 필요하다. 내가 면접에 합격할 수 있었던 이유를 생각해 보았다.

첫째, 면접 장소에 문을 열고 들어가는 순간부터 면접이 시작된다는 것을 기억하자.

한번은 여러 명이 함께 면접을 보았는데, 내 앞에 들어간 사람이 문을 열고 들어가자마자 너무 편안하게 자리에 털썩 앉았다. 뒤에서 그 모습을 바라보니 면접관들의 갸우뚱한 표정이 느껴졌다. 그 후로 나는 1대1 면접이든, 여러 명이 함께 보는 면접이든 먼저 가볍게 목례하고 의자에 앉지 않고 서 있다가 면접관들이 "착석하세요."라고 하면 자리에 앉았다. 그리고 질문을 받기 전이라도, 내가 대답할 순서가 아니더라도 주의를 기울인다. 앉아 있는 자세나 다른 사람들의 이야기를 듣는 표정에도 신경을 쓴다. 아주 작은 태도와 행동이 나의 인상을 결정지을 수 있다는 것을 기억해야 한다.

둘째, 자기소개는 최대한 간결하게 준비한다.

자기소개는 정중한 인사와 함께 나의 이름, 내가 하는 일에 대한 간단한 소개 정도면 좋다. 언젠가 자기소개를 해보라는 면접관의 요청에 "어느 집에 몇째 딸로 태어나~ IMF에 사업에 실패를 하고…."와 같은 살아온 이야기를 나열하던 강사를 본 적이 있다. 자기소개는 내 인생사를 이야기하는 시간이 아니다. 상대가 내가 이 강의에 가장 적합한 사람이라는 확신을 가질 수 있도록 간결하고 임팩트 있는 인사말과 소개를 준비해야 한다.

셋째, 내 강의를 소개하는 준비도 철저히 한다.

"강사님의 강의는 어떤 강의인가요?"

"강의에 대해 소개해 주시겠어요?"

이런 질문을 자주 받는다. 면접관의 입장에서 강사도 중요하지만, 그 강사가 어떤 강의를 하려고 하는지 궁금할 것이다. 이 역시 너무 장황하면 안된다. 간결하고 명확하게 내 강의를 한 줄로 소개할 수 있어야 한다. 이때 내가 사용하는 용어도 중요하다. 내 강의에서는 일반적으로 사용되는 용어일지라도 면접관들에게는 생소할 수 있다. 어려운 내용을 상대가 이해하기 쉽도록 설명하는 것. 강사의 기본 자질을 보여주는 방법이다. 또한, 이 강의에 내가 왜 가장 적합한 강사인지 어필하는 것도 잊지 말아야 한다.

지난 10년 동안 코로나가 극심했던 몇 개월을 빼고 나는 매주 오전 강의를 했다. 코로나로 인해 대면 강의가 모두 멈춘 후에는 온라인 강의 방법과 영상 편집을 공부해 이제는 온라인과 오프라인 강의를 모두 소화할 수 있는 강사가 되었다. 출근길에 계단에서 굴러 넘어졌던 날을 제외하면 단 한 번도 강의를 취소하거나 지각한 적이 없다. 강의실에는 항상 한 시간 전에 도착하려고 노력했다.

강의는 생방송과 같다. 생방송에서는 예상하기 힘든 변수가 많다. 갑자기 노트북이 연결되지 않거나, 연결된 기기가 작동하지 않을 수도 있다. 강의실의 크기에 따라 마이크가 필요할 수도 있고 칠판의 크기나 형태도 중요하다. 그러므로 변수에 대비할 시간을 확보해야 하며 늘 긴장을 늦추지 말아야 한다. 처음 강의를 시작하는 경우, 강의실의 환경을 미리 체크하는 것도 무척 중요하다.

그렇게 나는 생방송을 하는 마음으로 10년을 지냈다. 생방송에서는 실수나 잘못을 되돌리기 어렵다. 한 번 뱉은 말을 다시 주워 담을 수 없다. 생방송의 실수를 줄이는 유일한 방법은 철저한 준비와 연습뿐이다.

그렇다면 강의 준비는 무엇부터 어떻게 해야 할까?

강의를 하기 위해서는 주제 선정, 자료의 수집과 정리, PPT 작성 등 해야 할 것들이 많다. 나는 자신 있게 말할 수 있는 나만의 강의 준비 스킬이 있다. 그것은 바로 '아이들과의 수업'이다. 처음 성인 대상의 강의를 하게 되었을 때 내가 생각한 스스로와의 약속이 있다. 강의가 많아지고 아무리 바빠져도, '아이들 수업은 최대한 유지하자'이다. 지도법에 대한 강의를 할 때, 현장에서 이루어지는 아이들과의 수업만큼 꼭 필요하고 훌륭한 강의 준비는 없다. 강의는 결국 나의 '경험'에서 나온다. 그 경험이 자연스럽게 녹아든 강의는 늘 생생하게 살아있다. 내가 강의를 생방송이라고 말하는 것도 같은 맥락이다.

강의가 살아 있다는 것은 어떤 의미일까?

모든 강의가 같을 수 없다는 뜻이다. 같은 주제라 하더라도 강의는 모두 달라지기 마련이다. 대상이 달라서일 수도 있고, 강의 환경이 달라서일 수도 있다. 그러나 단지 그것만으로 설명할 수는 없다. 강의에는 이론이나 텍스트만으로는 채울 수 없는 생동감이 필요하다. 그 생동감이 바로 나의 경험이다. 나의 경험이 쌓이며 강의도 달라진다. 작년에 했던 강의와 올해 하는 강의가 달라지는 이유는 그사이에 경험이 더해졌기 때문이다.

또한 모든 강의가 온전히 내 예상대로 흘러갈 수 없음을 뜻한다. 살아 있는 물고기를 내가 원하는 방향으로만 헤엄치게 할 수 있을까? 그럴 수 없을 것이다. 강의도 마찬가지다. 이것은 강의가 일방적인 지식 전달이 아닌, 쌍방향 소통이기 때문에 일어나는 일이다. 내가 같은 질문을 던져도 대답은 사람마다 다르다. 그 대답과 반응에 따라 강의 흐름이 바뀐다. 심지어 어떤 날은 내가 전혀 준비하지 않았던 내용들로 강의가 채워지기도 했다. 물론 이런 소통이 가능하기 위해서는 강사의 실력과 내공이 기본이다. 강의는 이렇게 살아서 움직인다.

"초보 강사인데 어떻게 하면 강의를 잘할 수 있나요?"라는 질문에 나는 망설임 없이 연습하고 또 연습하라고 답하고 싶다. 마치 생방송을 앞둔 리허설처럼 생각해야 한다. 전달하고자 하는 메시지와 강의의 구성이 완성되면 그 순간부터는 연습만이 유일한 답이다.

나 역시 처음 강의를 맡았을 때, 강의 대본을 써서 달달 외웠다.(물론 지금은 그렇지 않다.) 처음에는 앞서 언급한 쌍방향 소통을 고려할 여유조차 없었다. 긴장한 탓에 준비한 내용을 빠짐없이 전달하는 것만으로도 버거웠다. 그래서 강의를 통째로 외울 수밖에 없었다. 완성된 원고와 PPT를 앞에 두고, 실시간 강의처럼 똑같이 연습을 반복했다. 여러 번 녹화해서 다시 보며 최대한 자연스럽게 말하려고 노력했다. 내 강의를 직접 보는 것이 어색하고 부끄럽기도 했지만 처음 시작하는 이들에게는 이 방법을 꼭 추천하고 싶다.

강의 내용을 외우는 것이 정답이라는 것이 아니다. 전달할 내용을 완벽하게 숙지하는 것이 강의의 기본이라는 뜻이다. 강의를 통째로 외우고 나니 어느 순간부터 마음에 여유가 생기기 시작했다. 뼈대만 있던 강의에 조금씩 살이 붙기 시작한 것이다. 뼈대가 튼튼했기 때문에 살을 붙이는 작업도 수월해졌다. 그날 강의할 내용만큼은 정확하게 전달할 수 있다는 자신감이 생기자 비로소 내가 하고 싶은 말을 할 수 있게 된 것이다.

사람들 앞에서 이야기한다는 건 정말 어려운 일이다. 생각보다 괜찮을 수도 있고, 생각보다 훨씬 떨릴 수도 있다. 그러나 그보다 더 어려운 것은, 사람들이 내 이야기를 듣게 만드는 것이다. 앞에 선 강사로서 내가 하는 말이 허공에 흩어질지, 사람들의 마음에 모일지는 내가 어떻게 하느냐에 따라 달라질 수 있다. 준비와 연습이 그 답이다.

4

학습자의 변화와
성장을 바라보는 마음

내 첫 강의는 목요일 오전 10시에 배정되었다. 몇 년 동안 한 주도 빠짐없이 수업을 듣던 바로 그 시간이었다. 같은 요일 같은 시간. 하지만 이번엔 수강생이 아닌 강사로서의 출근이었다. 그날의 기억이 아직도 생생하다.

"안녕하세요? 창의수학 지도법 강의를 하게 된 황정원입니다."

긴장감이 가득한 어색한 인사말로 첫 강의가 시작되었다. 무슨 말을 어떻게 했는지 모르게 정신없이 진행한 첫 강의가 끝났다. 그날의 강의 내용은 잘 기억나지 않지만 아직까지도 분명하게 기억나는 감정이 한 가지 있다. 그것은 바로 '설렘'이었다. 막 강의를 시작한 신참 강사가 첫 강의를 마치고 설렘을 느꼈다니, 지금 생각해 보면 나는 정말 겁 없는 사람이었거나, 이 일이 천직이었음이 분명하다.

이 설렘은 내가 강사로서 성장하는데 충분한 동기부여가 되었다. 1주일 내내 100분의 강의를 준비하느라 온 힘을 쏟았지만, 힘들기보다는 오히려 즐거웠다. 그 설렘과 기분 좋은 긴장감은 10년 동안 나와 함께 했다.

나는 여전히 강의가 설레는 강사이다.

10년 전이나 지금이나, 내가 강의 첫날 수업을 위해 가장 먼저 준비하는 것은 설문지이다. 이 설문지는 수강생들의 정보를 모으기 위한 것이다. 10년 전과 다른 점이 있다면, 지금은 온라인 설문지 링크 하나로 간단히 해결할 수 있다는 것이다. 10년 전에는 온라인 기록 문화가 없어서 일일이 출력한 설문지를 나눠주고, 이름, 연락처, 강의를 듣게 된 동기, 자녀의 나이, 앞으로 바라는 점 등을 직접 적게 했다.

이런 설문을 하는 이유는 무엇일까? 강의할 때 강의의 대상을 특정 짓는 것은 매우 중요하다. 특히나 다양한 환경의 수강생들이 모이는 성인 대상의 강의에서 대상을 명확하게 하지 않고 일반화하면 수강생들을 만족시키기 어렵다. 한번은 첫 시간에 받은 설문지에서 자녀들 나이를 살펴보니, 절반 이상이 7세 자녀를 둔 어머님들이었다. 초등생 학부모를 대상으로 모집이 이루어진 강의였지만 그때만큼은 예비 초등생들의 수학 이야기에 비중을 더 두었다. 예상대로 수강생들의 관심과 호응은 매우 높았다.

강의 첫날은 매우 중요하다. 처음 만나는 수강생들에게 나라는 사람과 내 강의에 대한 첫인상을 심어주는 날이기 때문이다. 첫인상을 바꾸는 데는 보통 40시간 이상의 시간이 걸린다고 한다. 따라서 첫인상이 그 강의의 전체를 결정짓는다고 해도 과언이 아니다. 그래서 단기 특강과 같은 1회 강의에서는 도입부를, 중·장기 강의에서는 첫 시간을 충분히 고민해야 한다.

내가 바라는 강의 첫 시간의 느낌은 '기대감'이다. 내가 설레는 마음으로 강의를 준비하듯, 수강생들은 내 강의에 기대감을 가졌으면 좋겠다. 이 기대감에는 두 가지 의미가 있다. 하나는 강의 내용에 대한 기대감이고, 다른 의미는 자신의 변화에 대한 기대감이다. 기대감을 주기 위해서는 '예고편'을 떠올리면 된다. 본방송이 시작되기 전 예고편을 보고 흥미와 궁금증이 생기면 사람들은 본방송을 찾아보게 된다. 반대로 예고편이 매력적이지 않다면, 사람들은 다른 프로그램에 관심을 가질 것이다.

좋은 예고편은 첫 몇 초 안에 관심을 끌 수 있는 흥미로운 시작이 중요하다. 나의 경우에는 질문을 던지는 방법을 주로 사용한다. 질문은 사람들이 생각하게 만들고 강의에 집중하게 만드는 힘이 있다. 또한 자기소개 시간이나 이 수업에 대한 기대를 발표하는 시간을 통해 적극적인 참여를 유도하려고 한다. 내가 강의를 관찰하고 바라보는 관객이 아니라 이미 이 강의 속 주인공이 되었다는 느낌이 드는 순간 강의에 대한 기대감이 훨씬 더 커질 것이다.

강사는 강의하는 사람이다. 강의는 학문이나 기술과 같은 내용을 설명하여 가르치는 것이라는 의미가 있다. 나는 강의를 하고 있지만 단순히 지식만을 전달하는 사람이라고 생각하지 않는다. 지식은 책이나 인터넷, 다양한 매체를 통해 충분히 습득할 수 있다. 특히 10년 전과 비교하면 더욱 그렇다. 10년 전만 해도 수강 신청 인원이 정원의 몇 배를 넘기는 일이 자주 있었다. 무언가를 배우기 위해서는 내 시간을 들이고 발품을 팔아야 했다. 직접 찾아가지 않으면 내가 원하는 배움을 이루기 어려웠다. 그러나 지금은 그렇지 않다. 굳이 매주 정해진 시간에 강의실에서 강사를 만나지 않더라도, 훨씬 더 쉽고 빠르고 편리하게 지식을 얻을 수 있다. 클릭 한 번으로 방대한 지식을 만날 수 있는, 학습과 배움의 경로가 너무나 다양해진 세상이다.

그럼에도 왜 아직 강의실을 찾는 사람들이 있는 걸까? 나는 강사라면 이 질문의 해답에 주목해야 한다고 생각한다. 이 질문에 대한 태도와 마음가짐이 어쩌면 강사로서 롱런할 수 있는 비결일 것이다. 내가 단순히 지식만을 전달하는 사람이 아니라고 생각하는 이유도 이와 같다. 강의실에 직접 찾아오는 사람들은 단지 지식을 채우기 위해 오는 것이 아니다. 그러므로 강사는 이 사람들에게 지식을 넘어선 무언가를 제공할 수 있어야 한다.

내가 생각하는 그 무언가는 바로 이것. 수강생들의 '변화와 성장'을 이끌어내는 것이다.

좋은 강사란 무엇일까? 내가 생각하는 좋은 강사는 강의를 듣는 이들에게 변화를 일으킬 수 있는 사람이다. 그 변화는 눈에 보이는 행동의 변화일 수도 있고, 다른 사람은 알 수 없지만 본인 스스로만 느낄 수 있는 마음의 변화일 수도 있다. 때로는 두 가지가 모두 일어나기도 한다. 나는 늘 첫 시간에 이 강의의 목표를 이야기한다. 이 목표에는 두 가지 의미가 있는데 강의를 통해 얻을 수 있는 지식이나 성과를 나타내는 '성취 목표', 다른 하나는 마음의 변화를 일으키기 위한 '성장 목표'이다. 즉 나는 내 강의를 통해 '인지'와 '정서'를 모두 변화시키는 것을 목표로 한다. 몇 주 또는 몇 달간의 강의를 통해 수강생들이 자연스럽게 변화와 성장을 느끼고, 강의가 끝날 무렵 스스로 그것을 체감할 수 있기를 바란다. 그리고 강의 마지막 날에는 그 변화를 환기해 줄 필요가 있다.

"선생님 수업을 듣고 아이와의 수학이 완전히 달라졌어요."

"선생님 수업을 듣고 저도 이 일을 하게 되었어요."

변화가 느껴지는 수강생들의 피드백. 이것이 나를 다시 한번 설레게 한다.

10년 전 내가 처음 강의를 들었던 날, 강사로 앞에 서 계셨던 대표님은 나를 비롯한 모든 사람들을 '선생님'이라고 불렀다. 처음엔 그게 참 어색하고 이상했는데 누구라도 선생님이 될 수 있음을 의미한다는 걸 알고 나니 그 호칭이 참 좋았다. 그래서 나도 지금껏 수강생들을 선생님이라고 부른다.

몇 년쯤 강의를 하다 보니, 눈에 띄는 수강생들이 보이기 시작했다.

'저 사람은 강사를 하면 잘할 것 같은데?'

'저 사람은 수학을 좀 더 공부하면 좋겠는데?'

어느 순간부터 나는 수강생들의 잠재력을 보게 되었고, 나도 모르게 이런 생각을 하게 되었다. 내 눈에 띄는 사람들은 수학 실력이나 가르치는 능력에서도 가능성을 보였지만, 그보다 중요한 것은 성실함과 좋은 태도였다.

"좀 더 공부해 보는 게 어때요?"

제안을 받았던 사람에서 제안할 수 있는 사람이 되었다는 건 참 신기한 경험이다.

내 추천을 받고 공부를 좀 더 해보려는 사람들이 늘어났다. 어느 순간, 그저 내 아이를 가르치기 위해 강의를 들으러 온 사람들이 다른 아이들을 가르치게 되었고, 취미처럼 시작한 수학 공부가 수학 선생님이라는 새로운 직업으로 이어지게 되었다.

수강생들에게 변화와 성장이 일어났다.

변화와 성장을 이끌어 주는 강사. 나의 설렘은 더 커졌다.

대상에 따라
나의 시선을 바꾸자

언젠가부터 내 강의는 선생님들이 많이 찾아오기 시작했다. 수학학원, 교습소, 공부방에서 아이들을 가르치는 선생님들이었다. 먼저 강의를 들은 선생님들의 소개로 다른 선생님들이 찾아오고, 이미 들었던 선생님들의 재수강이 이어졌다. 그렇게 어느덧 나는 선생님들을 교육하는 강사가 되었다.

내 강의를 들으러 오는 선생님들은 모두 배움의 열정이 넘치는 분들이었다. 실력이 부족해서 배우러 오는 것이 아니었다. 아이들에게 더 나은 교육을 제공하기 위해서는 본인이 먼저 배워야 한다는 마음을 가진 분들이었다. 실력과 상관없이 배우기 위해 강의실을 찾는다는 것만으로도 이미 그분들은 훌륭한 선생님이었다.

강의 대상의 변화는 나의 강의에도 변화를 가져왔다. 학부모들이 원하는 정보는 자녀의 학습 지도와 관련된 실용적인 것이었다면, 선생님들에게 필요한 내용은 더 깊이 있는 전문 지식과 교육 방법론이었다. 나는 변화된 수강생들을 위해 더 많은 자료를 연구하고 준비했다. 배울 준비가 된 수강생들은 나에게도 좋은 자극이 되었다. 그들과 소통하며 나 역시 강사로서 성장했다.

그러다 나는 강사로 일하던 학원을 그만두고 원장으로서 학원을 운영하게 되었다. 학원장의 역할은 강사 시절과는 전혀 달랐다. 강사는 수업만 잘 준비하면 되었지만, 원장은 운영, 관리, 그리고 선생님 채용까지 모든 것을 책임져야 했다. 많은 원장이 겪는 어려움 중 하나가 강사 채용이다. 그러나 나는 채용 공고를 낼 필요가 없었다. 이미 내 곁에는 훌륭한 선생님들이 있었기 때문이다. 그렇게 내 수업을 들었던 선생님들이 우리 학원의 강사가 되었다. 좋은 선생님들 덕분인지, 내가 운영하는 학원은 지역에서 꽤 빠르게 자리를 잡았다.

학원이 성장하면서 나는 나를 처음 수학 강사의 길로 이끌어준 대표님과 함께 학원 가맹 사업을 시작했다. 이 과정에서 나는 또다시 새로운 도전을 맞이하게 되었다. 이제는 단순히 학생이나 선생님들을 가르치는 것이 아니라, 학원 원장들을 교육하는 역할을 맡게 된 것이다. 원장님들은 선생님들과 달리 교육뿐만 아니라 학원 운영, 홍보, 마케팅, 관리 등 다양한 영역에 대해 알아야 했다. 나는 내 경험을 바탕으로 그들에게 시행착오를 줄이고, 효과적으로 학원을 운영할 수 있는 방법을 가르쳤다.

이처럼 강의 대상이 달라짐에 따라 강의 내용도 달라져야 했다. 학부모나 선생님들에게 전달하던 내용과는 달리, 원장님들에게는 실무적인 경영 노하우와 전략이 필요했다. 대상에 맞춘 강의 구성은 내 역할을 더욱 확장했다.

"선생님처럼 되고 싶어요!"

선생님과 원장님들을 상대로 교육하다 보니 나처럼 성인 대상 교육 강사가 되고 싶어 하는 이들을 만나게 되었다. 또는 본인은 알아채지 못했지만 내가 보기에 좋은 강사가 될 수 있는 사람들이 눈에 보이기 시작했다. 문득 나는 내가 10년간 쌓아온 모든 과정이 성인 대상의 수학교육 강사가 되고 싶은 사람들, 또는 많은 사람들 앞에서 수학 강의를 하고 싶은 선생님들에게 도움이 될 수 있겠다는 생각이 들었다.

이제 나는 강사를 양성하는 강사가 되기로 했다.

첫 번째 나의 강사 양성 교육 대상은 가까이에 있었다. 우리 학원 선생님들이었다. 외부에서 학부모 대상의 강의를 할 기회가 생겼고, 나는 학원 선생님들을 성인 대상의 교육 강사로서 데뷔할 수 있도록 교육을 시작했다. 이 교육과정의 이름은 '미인 만들기'로 정했다.(미래수 인기 강사 만들기라는 말의 줄임말이다.) 나는 선생님들과 함께 강의를 만들기 시작했다. 강의 주제 기획부터 PPT 작성과 강의 실전연습까지 교육을 진행했고, 약 한 달 후 선생님들은 모두 성공적으로 강사 데뷔를 했다. 그리고 지금 그들은 나와 같이 성인을 대상으로 강의하는 강사가 되었다.

두 번째 대상은 다른 학원의 원장님들이었다. 다양한 지역에서 학원, 교습소를 운영하는 원장님들을 대상으로 온라인 교육이 이루어졌다. 각자 자신이 운영하는 학원의 학부모를 대상으로 꼭 하고 싶은 주제의 수학교육 강의를 기획하도록 했다. 처음엔 갈피를 잡지 못하고 어려워했다. 모두 유능하고 실력 있는 수학 전문가들이지만, 아무것도 없는 상태에서 강의를 만들어 나간다는 건 결코 쉬운 일이 아니었다. 머릿속에 있는 내 생각을 다른 사람에게 전달하기 위해 체계적으로 정리된 형태로 구현해 내야 하기 때문이다. 나는 우선 그들이 하고 싶은 이야기를 떠올리게 했다. 내가 왜 이 강의를 하려고 하는지, 내가 학부모님들에게 주고 싶은 메시지가 무엇인지를 명확하게 하는 과정이 강의 기획의 시작이었다. 이를 바탕으로 이론적 내용과 실제의 경험을 더해 강의를 구성해 나가도록 했다.

강사로서 내가 하는 강의에 대한 정확한 피드백을 받기란 참 어렵다. 준비한 강의가 잘 구성되었는지, 문제점이나 보완할 내용은 무엇인지 알고 싶지만 누구도 말해주지 않는다. 나는 늘 강의를 준비하는 과정에서 피드백이 필요하다는 것을 느껴왔기에, 강사 양성 과정에 이를 반영하고자 했다.

과연 내가 할 수 있을까? 내 피드백이 그들에게 도움이 될 수 있을까? 걱정과 설렘이 동시에 들었다. 그러나 실제 이 과정이 진행되는 동안 나는 놀라운 경험을 했다. 강의를 보완할 점과 개선할 방향이 자연스럽게 떠올랐다. 그 해답들은 이미 나의 10년간의 경험 속에 내재되어 있었던 것이다.

이 과정은 나에게 새로운 도전이었다. 때로는 내 강의를 준비하는 것보다 더 힘들기도 했다. 그러나 그만큼 성취감과 보람이 컸다. 이미 어느 정도의 지식과 경험을 가진 분들이었기에 나의 작은 피드백에도 변화가 금방 느껴졌다. 그들의 변화와 성장이 내 일처럼 뿌듯하고 기뻤다.

강의 대상의 변화는 나에게 여러 가지 깨달음과 변화를 주었다. 그중 가장 큰 변화는 나의 '시선'이다. 수강생을 바라보는, 그리고 강의를 바라보는 나의 시선이 달라졌다. 시선이란 단어의 뜻을 찾아보면 단순히 우리가 바라보는 방향만을 의미하지 않는다는 것을 알 수 있다. 즉 물리적인 시야만을 말하는 것이 아니라는 뜻이다. 시선은 볼 시(視)와 줄 선(線)이라는 한자로 구성된 단어이다. '보는 것'이 줄과 선처럼 계속 이어져야 하니 나는 시선을 '관심'이라고 정의하고 싶다. 시선은 우리의 사고방식, 감정, 그리고 행동에까지 영향을 미친다. 같은 상황에서도 사람마다 시선이 다른 이유는 각자의 경험, 가치관, 그리고 주어진 환경이 다르기 때문일 것이다. 무엇을 보느냐보다도 어떻게 보느냐에 따라 전혀 다른 결론에 도달할 수 있다.

나는 이러한 깨달음을 한자 '시(視)'에서 찾았다. '볼 시'는 본다는 뜻을 가지고 있지만, 자세히 들여다보면 '보일 시(示)'와 '볼 견(見)'이 합쳐진 글자이다. 여기서 나는 '보이는 것'과 '보는 것'의 차이에 대해 깊이 생각하게 되었다. 우리는 하루 종일 무언가를 보고 살지만, 그저 보이는 것과 의식적으로 보는 것은 분명히 다르다. 시선의 변화는 내가 보려는 의지를 가지고 볼 때 분명해진다.

강의 대상이 아이들에서 학부모, 선생님, 그리고 원장님들로 변화하면서, 나는 그 과정에서 많은 것들을 배웠다. 무엇보다도, 사람을 대하는 나의 시선이 달라졌다. 이제는 단순히 '무엇을 가르칠 것인가'가 아니라, '어떻게 효과적으로 전달할 것인가'가 더 중요한 질문이 되었다. 이는 단순히 지식의 전달이 아닌, 수강생의 입장에서 그들이 필요로 하는 것을 찾고, 그것을 함께 채워나가는 과정이다.

'시선의 변화'는 내가 가르치는 모든 과정에서 중심이 되었다. 학생들에게는 단순한 지식보다 그들이 학습을 통해 스스로 성장할 수 있도록 돕는 것이 중요했다. 학부모에게는 자녀의 교육을 바라보는 시각을 넓혀주는 것이 필요했고, 선생님들에게는 그들의 교육 철학과 방법론을 재구성할 기회를 제공해야 했다. 그리고 원장님들에게는 학원 운영의 본질적인 부분과 더불어, 자신만의 강의를 만들어낼 수 있도록 하는 것도 내가 주목해야 할 시선이었다.

시선을 바꾼다는 것은 단순히 보는 방향을 바꾸는 것이 아니다. 내가 전달하는 지식의 깊이와 넓이를 다르게 조절하는 것이며, 그들이 필요로 하는 것을 먼저 이해하고 맞춰 나가는 과정이다. 나의 경험이 쌓이면서, 나는 단지 강사로서 지식을 나누는 것만이 아니라, 그들이 더 나은 강사가 되고, 더 나은 교육자가 되기 위한 길을 제시하는 역할을 해야 한다는 것을 깨달았다.

지금 나는 더 이상 나만의 성공을 위해 달리지 않는다. 나와 같은 길을 걷고자 하는 사람들, 그리고 그들의 길을 돕고 싶어 하는 이들을 위해 내 시선을 맞추고 있다. 내가 쌓아온 경험과 노하우가 누군가에게는 등불이 될 수 있다는 사실이 나에게는 큰 기쁨이다.

강사가 되고 싶은가? 당신의 시선은 어디에 맞춰져 있는가? 그 시선이 향하는 방향이 바뀔 때, 강의의 깊이와 폭도 변화할 것이다. 대상에 맞춰 시선을 바꾸고, 그들의 필요를 이해하며 당신의 강의를 새롭게 구성하라. 강의를 바라보는 시선에 변화를 주는 순간, 당신의 교육자로서의 여정도 한층 더 깊어질 것이다.

시선이 바뀌면 비로소 당신 앞에 새로운 길이 열릴 것이다. 그리고 그 길은 지금까지와는 또 다른 성장을 이끌어 낼 것이다. 강의는 지식의 전달이 아니라, 서로의 성장과 배움이 맞닿는 순간이다. 당신이 어떻게 바라보고 어떻게 전달할 것인가에 따라, 그 길이 완전히 달라질 것이다.

지금, 당신의 시선을 바꿔라. 그러면 그 안에서 당신의 새로운 가능성을 발견할 것이다.

6

강사는
프로 학생이다

만약 누군가가 나에게 10년 동안 강의를 지속할 수 있었던 가장 큰 비결이 무엇이냐고 묻는다면, 나는 망설임 없이 '공부'라고 답할 것이다. 나는 지금도 여전히 강사이자 학생이다. 스무 살 무렵 우연히 시작했던 아이들을 가르치는 일, 10년 전 겁 없이 시작한 수학 강의가 이제는 내 삶의 큰 부분이 되었다.

내 인생의 절반 이상을 가르치는 일을 했다. 그럼에도 불구하고 나는 여전히 배움에 목마르다. 성인 대상의 수학 강의를 진행하면서, 어느 순간부터 내 강의에 부족함을 느끼기 시작했다. 그 부족함이 무엇인지 정확히 설명하기 어려웠기에 더 답답했다. 그러던 중 문득 수학 교육에 대해 더 깊이 공부해야겠다는 생각이 들었다.

생각해 보면 많은 사람들이 가르치는 방법을 배우지 않고 교육을 시작한다. 나 역시 처음 아이들에게 수학을 가르칠 때 특별한 준비 없이 시작했던 것 같다. 왜 그랬을까? 아는 내용은 쉽게 가르칠 수 있다고 생각했기 때문이다. 특히 초등수학은 고등교육을 마친 성인이라면 누구나 쉽게 이해할 수 있는 수준이기에, 가르칠 수 있다고 생각한다. 그러나 그것은 착각이다. 배운 것과 안다는 것, 그리고 가르칠 수 있다는 것은 모두 다른 영역이었다. 배웠다고 해서 다 안다고 할 수 없듯이, 알고 있다고 해서 가르칠 수 있는 것은 아니다.

가르치는 일은 공부하고 배워야 잘할 수 있다. 수학과와 별도로 수학교육학과가 있고, 교육대학과 사범대학이 존재하는 이유도 바로 여기에 있다. 어쩌면 가르치는 일이야말로 그 어떤 일보다도 끊임없이 배우고 연구해야 하는 직업이다. 교육은 '내가 받은 교육'을 바탕으로 이루어지기 때문이다.

10년간 강사로 일하면서, 내가 깨달은 사실이 있다. 내가 하는 일이 단지 수학 이론과 지식만으로 해결되는 것이 아니라는 것이다. 나 역시 가르치는 방법을 더 공부해야 했다. 긴 고민 끝에 대학원 수학교육과 진학을 결심했다. 오전에는 강의를 해야 했고, 오후에는 학원에서 아이들을 가르치며 원장으로서 학원 운영과 관리도 해야 했다. 이런 바쁜 일정 속에서 시간을 내어 다시 학교에 다닌다는 것은 쉬운 결정이 아니었다. 그럼에도 나는 해야 했다. 나의 부족함을 채우는 유일한 방법이 공부라고 생각했기 때문이다.

내가 선택한 대학원은 초등교사들을 위한 교육대학원 중 일반인 입학이 허용되는 몇 안 되는 학교였다. 합격할 수 있을까? 합격하더라도 공부를 따라갈 수 있을까? 젊고 똑똑한 학교 선생님들 사이에서 내가 버틸 수 있을까? 걱정 속에 어느덧 면접 날이 되었다.

"대학원에 진학하려는 이유가 무엇일까요?"

당연히 예상한 질문이었고, 나 스스로에게 수없이 물었던 질문이었다.

"저는 수학과를 졸업하고 오랜 시간 아이들에게 수학을 가르쳐왔습니다. 그런데 수학과 수학교육이 다르다는 것을 깨닫게 되었습니다. 그중에서도 초등수학 교육이 중등수학 교육과 다르다는 것을 느끼며 초등수학 교육에 대한 공부가 필요하다는 생각이 들었습니다. 사실 대학원에 진학한다고 해서 그 답을 찾을 수 있을지는 모르겠지만 그것조차 입학 후에 알아가고 싶습니다."

운이 좋았던 걸까. 나는 입학 장학금을 받고 대학원에 진학할 수 있었다. 그리고 이제 졸업까지 한 학기를 남겨두고 있다.

대학원에서의 배움은 기대 이상이었다. 입학 전에 막연하게 느껴졌던 '교육'에 한걸음 가까워진 느낌이었다. 아이들을 가르치며 경험에 의해 알게 되었던 것들이 일정 부분 이론으로 정리되었다. 이러한 나의 공부는 아이들 수업 속에, 그리고 나의 강의에 서서히 녹아들었다.

대학원 공부를 통해 초등수학 교육에 대해 전부 다 알게 되었다고 말할 수는 없지만 적어도 교육에 대한 자세와 태도를 더욱 깊이 고민하게 되었

다. 또한 학창 시절에는 느끼지 못했던 진정한 배움과 앎의 즐거움을 알게
되었다. 덕분에 다시 한번 내 강의를 듣는 이들을 돌아볼 수 있었다. 수강
생들이 내 강의에서 배움의 즐거움을 느꼈으면 하는 마음이 들었다. 배움
에는 끝이 없음이 확실하다.

나는 지금 6년째 학원 원장으로 일하고 있다. 학원을 운영하는 일은 예
상보다 훨씬 어려웠다. 처음 해보는 일이었고, 어떻게 해야 하는지 가르쳐
주는 사람도 없었다. 시행착오를 겪으며 하나하나 해결해 나갔다. 학원을
오픈한지 1년 만에 코로나가 터지면서 큰 좌절도 겪었다. 하지만 그 시기에
도 나는 포기하지 않았다. 코로나로 휴원을 했지만 강사로서 터득한 온라
인 강의 방법을 이용해 누구보다도 빠르게 온라인 수업을 열었다. 아이들
의 집 앞에 교재와 교구를 직접 배달하고 온라인 자료를 만들었다.

학원 운영을 하며, 나는 자연스럽게 교육뿐만 아니라 운영이 중요하다는
사실을 깨달았다. 나는 마케팅 공부를 시작했다. 다양한 강의를 찾아 듣고
관련 책을 읽었다. 공부한 내용을 학원에 적용하면서, 조금씩 입소문이 퍼지
기 시작했고, 내가 운영하는 학원은 이 지역에서 꽤 유명한 학원이 되었다.

학원 운영을 하면서 '관리자'로서의 역할도 필요했다. 수업의 질뿐 아니
라, 학원 운영의 지속 가능성을 고려해야 했고, 어떻게 하면 아이들과 학부
모들에게 신뢰를 줄 수 있을지 끊임없이 고민했다.

아이들 수업과 성인 대상의 수학교육, 그리고 학원 운영과 관리. 나는 매

일 여러 가지 다양한 일을 해야 한다. 어쩌면 공통점이 없어 보이는 일들이지만, 잘 해낼 수 있었던 비결과 방법은 같다. 바로 '배우는 것'이다. 아이들을 가르치기 위해서, 성인 대상의 강의를 위해서, 학원 운영을 위해서도 배워야 한다. 대학원에 진학해서 공부하라는 뜻이 아니다. 온라인과 오프라인, 활자와 영상을 가리지 않고 공부해야 한다. 배울 수 있는 길은 배우고자 하는 사람에게 열린다.

강사는 가르치는 일을 하는 사람이다. 그러나 강사는 배움을 멈추지 않는 '프로 학생'이어야 한다. 가르침의 길을 걷는다는 것은 곧 배움의 길을 함께 걷는다는 의미이기도 하다. 강사의 가장 큰 자산은 지식이 아니라, 그 지식을 끊임없이 업그레이드하고, 더 나아가 새로운 지식을 배우려는 태도이다.

세상은 변한다. 교육의 트렌드는 발전하고, 시대가 요구하는 능력도 달라진다. 이러한 변화 속에서 강사가 제자리걸음을 한다면, 그 가르침은 금방 뒤처지게 된다. 진정한 강사는 언제나 배움의 자세로 임하며, 스스로를 '프로 학생'이라 여기고 새로운 지식을 탐구해야 한다.

나는 프로 학생으로서 늘 질문하려고 한다.

"지금 내가 알고 있는 것이 최선인가?"

"내 부족함을 채우기 위해 이보다 더 나은 방법은 없는가?"

"이 지식을 어떻게 더 효과적으로 전달할 수 있을까?"

이러한 질문들이 배움의 원동력이 된다. 스스로에게 끊임없이 던지는 질문들은 더 나은 가르침을 위한 동력이자, 나의 강의를 듣는 이들과 함께 성장할 힘이 될 것이다.

내가 10년 이상 강의를 계속해 올 수 있었던 이유는, 그 자체로 성장의 과정이었기 때문이다. 수강생들은 단순히 내게 배우는 대상이 아니라, 나를 성장하게 하는 동반자다. 그들과 함께 고민하고, 질문하며, 답을 찾아가는 과정이야말로 나를 진정한 '프로 학생'으로 만들어 주었다. 그리고 나는 앞으로도 계속해서 배워나갈 것이다. 가르친다는 것은, 곧 배우는 것이니까.

7

강의를 하며
가장 마지막에 하고 싶은 말

　매년 가을, 강의가 끝날 무렵이면 다음 해 강사 모집이 시작된다. 그해에
도 평소와 다름없이 내가 강의하던 기관에서 강사 모집 공고가 게시되었
다. 아무 생각 없이 서류를 제출하려고 공지를 클릭했다. 순간 무척 당황스
러웠다. 내가 지원해야 할 강의가 목록에 보이지 않았다. 다음 해 강좌에서
내가 하던 강의가 제외된 것이다. 수강생 모집도 잘되고, 강의 평가도 좋았
기에 전혀 예상하지 못했던 일이었다. 잠시 멍하니 있던 나는 담당자에게
전화를 걸었다.

　"강사님! 죄송해요, 내년 교육 방향이 바뀌면서 수학 과목이 모두 없어지
게 되었어요."

　상황을 설명하는 담당자의 목소리에는 어쩔 줄 몰라 하는 기색이 역력했
다. 그 사람의 결정이 아니란 걸 알기에 내가 오히려 더 미안했다. 문득 처

음 강사로 시작했던 순간이 떠올랐다. 겁 없이 용감하게 강사가 된 것처럼, 이렇게 하루아침에 강의가 사라지게 된 것 역시 예상하지 못한 일이었다. 다른 기관에서도 강의하고 있었고 오후에는 아이들도 가르치고 있었지만, 처음 겪는 일이기에 마음이 착잡했다.

시작이 있으면 끝이 있는 법. 강의도 마찬가지다. 하지만 내가 하던 강의가 이렇게 갑자기 없어질 거라고는 전혀 생각하지 못했다. 속이 상해도 받아들이는 것 외에는 다른 방법이 없었다. 대부분의 강사는 소속이 없다. 홀로 강의처를 찾아야 하고, 강의 준비와 진행을 스스로 책임진다. 완벽한 1인 기업이자 프리랜서다. 강의의 시작에 대한 설렘도, 끝의 허전함도 오롯이 혼자 겪어내야 할 몫이었다.

그해 겨울. 나는 여전히 바쁘게 지냈다. 하지만 이상하게 마음 한구석엔 늘 허전함이 남아있었다. 처음 강의를 시작한 곳이라 애정이 컸기에, 그 상실감이 더 컸다. 그러던 어느 날 담당자에게 뜻밖의 전화가 왔다.

"강사님~! 겨울방학 특강이 생겼는데요. 이번에는 성인 강의가 아니라 아이들 수업이에요. 해주실 수 있을까요?"

순간 망설여졌다. 성인 강의는 주로 오전에 진행되었지만, 아이들 수업은 오후에 해야 했다. 스케줄 조정이 필요했다. 게다가 정규 강의가 아닌 8주짜리 방학 특강이었다. 그래도 나는 그 수업을 하기로 했다. 이렇게라도 그 기관과의 인연을 이어가고 싶었고, 나의 상실감을 조금이나마 채우기 위한 선택이기도 했다. 다행히 수업에 대한 학부모, 아이들의 반응이 모두 좋았다. 덕분에 나는 다음 해, 봄 강의부터 아이들 수업을 정식으로 맡게 되었다.

봄 학기 모집이 시작되었다. 내 강의를 기다렸던 수강생들의 연락이 쏟아졌다.

"선생님! 왜 강의가 없어진 거예요? 다른 곳으로 가신 건가요?"

"선생님! 제가 사무실에 전화까지 했어요~ 이런 강의를 없애는 게 말이 되나요?"

수강생들의 반응이 너무나 고마웠다. 하지만 내가 할 수 있는 말은 그저,

"올해는 아이들 수업을 하게 됐어요. 언젠가 다시 성인 강의가 열리면 그때 뵐게요."라는 답뿐이었다.

새 학기가 시작되자 아이들이 내 수업에 모였다. 1~2학년 아이들 스무 명, 3~4학년 아이들 스무 명이 내 수업에 왔다. 놀랍게도 그중엔 내 성인 강의 수강생들의 아이들이 많았다. 참으로 감사한 일이었다. 하필이면 아이들과의 수업 장소가 내가 오전에 성인 강의를 하던 곳과 같았다. 수업은 즐거웠지만 마음 한편에는 늘 묘한 아쉬움이 남아 있었다. 언젠가 다시 오전에 이곳에서 성인 강의를 하리라. 이상하게 그런 마음이 들었다.

여름 학기쯤이었을까. 어느 날 강의실 복도마다 커다란 설문조사 판이 설치되었다.

"개설되었으면 하는 강의를 써주세요!"

기관에서 수강생들의 강의 수요 파악을 위해 마련한 것이었다. 그동안 몇 년을 강의하면서 한 번도 없었던 일이었다. 그런데 놀라운 일이 일어났다. 그날부터 메모판에 '창의수학 지도법'이라는 메모가 하나둘 붙기 시작했다. 내 수업에 아이들을 보냈던 수강생들이, 또 그 수강생들의 이야기를 듣고 온 다른 수강생들이 메모를 붙이기 시작한 것이다. 매주 메모판에 늘어나는 메모들을 볼 때마다 가슴이 벅차올랐다. 그리고 그해 가을, 마치 거짓말처럼 '창의수학 지도법' 강의가 다시 모집 공고에 떴다.

그동안 당연하게 여겼던 그 모집 공고가 얼마나 소중하고 감사한 일이었는지, 나는 그제야 깨달았다. 떨리는 마음으로 서류를 냈고, 1차 서류 심사에 합격했다. 이제 2차 면접만 남았다. 처음 보는 면접도 아니건만, 이상하게도 겁 없이 처음 강사 면접을 보았던 그때보다 훨씬 더 긴장되었다.

"많이 뵙던 분이 오셨네요?"

미소와 함께 건넨 면접관의 인사가 따뜻하게 들렸다. 그리고 다음 해 봄, 나는 그렇게 바라던 그 강의실에 다시 서게 되었다. 또 한 번 운명처럼 예상할 수 없었고, 계획하지도 않았던 일이 일어났다. 같은 강의실, 같은 강의였지만 내 마음가짐은 전혀 달랐다. 나는 잘 알고 있었다. 내 능력만으로 이루어진 것이 아니라는 것을. 오롯이 나와 내 강의를 찾아준 수강생들의 힘이었다.

내 강의 스승님이신 미래수 대표님이 해주셨던 말씀이 떠올랐다.

"한 사람이라도 내 강의가 재미없다고 하는 날, 나는 강의를 그만하려고 해요."

그 말의 의미를 이제야 조금은 알 것 같다. 아무리 훌륭한 강의라도 듣는 사람이 없다면 의미가 없다. 강사는 결국 수강생에 의해 존재한다. 강의의 주인공은 강사가 아니라 듣는 이들이다.

강의를 준비하는 사람들에게 나는 이렇게 말하곤 한다.

"강의에서는 내가 하고 싶은 말만 하면 안 됩니다. 수강생이 듣고 싶은 이야기, 그들이 필요로 하는 이야기를 해주세요."

강사로 걸어온 10년 동안 나는 수많은 수강생을 만났다. 그들의 필요를 듣고, 그들이 무엇을 원하는지 느꼈다. 수강생들이 내 강의를 통해 성장하는 모습을 볼 때마다 나는 이 길을 선택한 것에 대한 감사함과 책임감을 느낀다. 그리고 시간이 지나면서 내 강의를 듣는 이들이 원하는 것을 가르치는 법도 알게 되었다. 돌아보면 그들의 성장이 오히려 나를 더욱 성장하게 만들었다.

그동안의 시간과 경험에서 얻은 큰 깨달음이 있다. 그것은 강의가 그저 지식을 전달하는 것이 아니라 서로의 마음을 교감하는 일이라는 것이다. 강의는 단순한 지식 전달 이상의 가치를 가진다. 그것은 사람과 사람을 이어주고, 변화와 성장을 통해 서로의 삶을 풍요롭게 만들어 준다. 앞으로도 나는 내 강의를 듣는 사람들의 눈높이에 맞춘 강의를 준비하고, 그들이 진정으로 듣고 싶어 하는 이야기가 무엇인지 느끼며 배워나갈 것이다. 그리고 무엇보다 지금의 이 감사한 마음을 잊지 않기 위해 노력할 것이다.

가끔 TV에서 유명 가수들이 "제 노래를 들어주셔서 감사합니다."라고 말하는 것을 본다. 예전엔 그냥 의례 하는 말이겠거니 하고 아무렇지 않게 들렸던 이야기다. 하지만 지금은 그 가수들이 어떤 마음으로 그 말을 하는지 조금은 알 것 같다.

지난 10년 동안 나에게 보내준 수강생들의 열정과 반응이 나에게 얼마나 큰 힘이 되었는지 그들은 아마 모를 것이다. 그들 덕분에 나는 행복한 성장을 이루었다. 내 강의를 통해 얻은 지식과 경험이 수강생들의 삶에 긍정적인 영향을 미치고, 그 과정에서 우리가 함께 나눈 순간들이 기억되었으면 좋겠다. 그리고 언젠가 내가 마지막 강의를 하게 되는 날이 온다면, 그때 진심을 담아 이렇게 말하고 싶다.

"지금까지 제 강의를 들어주셔서 진심으로 감사합니다."

선배 강사 황정원이 전하는
롱런의 비결

가르친다는 것은 곧 배우는 것. 수강생과 함께 성장하며 배움을 멈추지 않는 '프로 학생'의 마음을 갖고 배움을 이어가자! 이것이 바로 롱런하는 강사의 비결입니다.

2장

상대방을
이해시킬 수 있어야
강사다

영어 강사: 이라미

1

절박함이
강사를 만들다

셜록 홈즈, 애거서 크리스티 등 추리 소설을 사랑한 나는 탐정이 되고 싶었다. 영화 〈007〉 시리즈를 보고는 스파이가 되고 싶었으며 〈아가씨와 건달들〉이라는 뮤지컬을 보고는 뮤지컬 가수가 되고 싶었다. 단 한 번도 선생님이 되고 싶었던 적은 없었다. 어쩌다 나는 한 번도 꿈꿔보지 않은 강사가 되었을까?

내가 15살 때였다. 사춘기가 시작되니 엄마와 나의 현실이 보이기 시작했다. 아빠는 돌아가시고 우리 둘뿐이었다. 그때까지 내 인생에서 가장 멋진 사람이었던 우리 엄마가 갑자기 철부지 아이같이 느껴지기 시작했다. 우리 엄마는 매일 아침 일어나면 제일 먼저 커피를 내리고 클래식 음악을 들으며 책부터 읽었다. 책을 읽다가 시를 쓰곤 했다. 우리 엄마 대표작은 「라미 내 사랑」이다. 그 시를 써서 벽만 한 액자를 만들어 집에 걸어 놓았던 기억이 난다. 우리 엄마는 책을 읽고 시를 쓰고 낭만을 좋아하는 사람이었다. 다만 돈 버는 것엔 전혀 재능이 없는 사람이었다.

어느 날, 엄마의 지인과의 식사 자리에서 내 인생을 송두리째 바꾼 말 한 마디를 듣게 되었다. 나와 우리 엄마의 미래를 걱정하던 그분이 얘기했다. "라미야, 한국에서는 영어 하나만 잘해도 잘 살 수 있어." 머릿속이 띵 했다. 영어 하나만 잘하면 엄마랑 나는 잘 살 수 있다는 거야? 다른 건 못해도 영어 하나만 잘하면 된다는 거지?

고민도 많이 하지 않았다. 엄마에게 미국에 가겠다고 했다. 앞으로 엄마도 책임지려면 돈을 많이 벌어야 하고 그러려면 내가 의사, 변호사가 돼야 하는데 지금 우리 상황이 그럴 수가 없을 것 같다고. 그때는 이 두 직업만 돈을 잘 버는 줄 알았다. 그 당시, 우리는 강남구 신사동에 살았다. 나의 제일 친한 친구는 한 과목에 100만 원짜리 국 · 영 · 수 과외를 하고 있었다. 우리 집은 그 친구처럼 100만 원짜리 과외를 할 여력도 없으니, 영어라도 잘해야겠다고 말했다. 지금부터 미국에서 공부하면 영어 하나만이라도 잘 할 수 있을 거라고.

지금 생각하니 영어 한마디도 모르면서 당장 가기만 하면 될 걸로 생각한 내가 참 무모하다. 얼마나 많은 고통을 겪게 될지도 모르면서. 그리고 뒤돌아보니 우리 엄마도 참 보통 사람은 아니다. 그 말을 듣자마자 바로 알아보고 준비해서 몇 개월 만에 나를 미국으로 보내주었다.

미국에 도착한 바로 그다음 날, 학교에 갔다. 몇십 년이 흐른 지금도 첫 등교가 생생하게 기억난다. 아직도 그날의 공기 흐름까지 피부에 느껴진

나는 진심을 전하는 강사입니다

다. 학교 문을 열자, 귀가 먹먹할 정도로 시끄럽던 메인 홀에 한순간 정적이 흘렀다. 마치 시간이 멈춘 영화의 한 장면처럼 모두 입을 닫고 움직이지 않았다. 모두의 눈이 나에게로 향했다. 학생, 교직원, 교사 등 다 포함해서 외국인 나 하나였다. 그들의 반은 백인이었고 반은 흑인이었다. 그날 평생 처음 동양인을 만나본 아이들이 허다했다. 나는 단 한 번의 등장으로 최고의 가십거리가 되었다.

그날부터 나는 모두의 관심사가 되었지만 아무도 가까이 다가오지는 않았다. 말을 시켜도 나는 한마디 대꾸도 할 수 없었으니깐. 영어를 듣고 말하기가 시급했다. 학교에 가봤자 아무것도 알아들을 수가 없었다. 하루 종일 단 한마디의 말도 입 밖으로 꺼내지 못하고 다시 집으로 돌아왔다. 나는 매일 점심시간에 점심도 먹지 않고 학교 건물 밖으로 나가 울었다. 아침부터 오후까지 입 벌리고 칠판만 보다 집으로 돌아오는 날들이 계속되고 있었기 때문이었다. 얼마나 괴롭던지 팔다리 하나씩 떼어 주고 지금 당장 영어만 줄줄 말할 수 있다면 떼어 주고 싶다는 생각까지 했다. 아무도 도와주는 사람이 없었다. 어떻게 해야 영어를 잘하게 되는지 그 누구도 가르쳐주지 않았다. 나는 혼자였다.

나는 점점 바보 취급 받기 시작했다. 영어를 못한다고 아이들은 나를 저능아 취급했다. 심지어 미국 역사를 가르치던 선생님은 나에게 장애가 있다고 말했다. 지금까지도 나는 그 선생님의 얼굴을 잊지 못한다. 세세하게 다 기억이 난다. 항상 검은 치마 정장을 입고 비릿한 향수 냄새를 풍기던 그 선생님은 나에게 큰 상처를 줬다. 무시만 당하고 있을 수는 없었다. 무조건 영어를 잘해야 한다는 생각이 나를 절박하게 만들었다.

훗날, 이 영어에 대한 절박함이 나를 스타 강사의 자리에 올려놓았다. 만약 강사를 꿈꾸는 분이 있다면, 어떤 분야든 이런 절실함을 경험해 봐야 한다고 생각한다. 그래야 절실한 수강생들의 마음을 알고 더 잘 가르치기 위해 노력할 수 있다. 나는 그때의 절실함이 내가 강사가 될 수 있었던 밑천이었다고 생각한다.

학교에서 돌아오면 잠들기 전까지 텔레비전을 봤다. 막연히 계속 듣기라도 해야겠다고 생각했다. 알아듣지 못하는 것을 보고 있는 것은 큰 고통이었다. 그래도 귀를 열고 들어야 했다. 하나라도 캐치하기 위해 노력했다. 그러다 강하게 잘 들리는 말이 있으면 뜻도 모르면서 거울을 보며 따라 했다. 발음만 신경 쓴 것이 아니라 그 사람의 표정, 감정까지 따라 했다. 그리고 다음날 학교에서 지나가다 눈이 마주치는 사람이 있으면 그 사람을 똑바로 쳐다보며 그 말을 내뱉었다. 눈을 마주친 사람이 학생이던 교장 선생님이던 상관없었다. 매번 너무 창피해서 귀까지 새빨갛게 물들었다. 그래도 하고 또 했다. 그러면서 영어를 말하기 시작했다.

나중에 내 친구 Mike에게 전해 들은 이야기가 있다. 전교생이 '한국에서 dingdong이 왔다.'면서 나를 피해 다녔다고 했다. Dingdong은 학생들 사이에 쓰는 또라이라는 뜻의 은어였다. "내가 왜 dingdong이야?" 했더니 "네가 처음에 하고 다닌 말들은 다 욕이었어. F**k you 같은."

말은 조금씩 할 수 있게 됐지만 책을 읽고 이해하는 것은 또 다른 일이었다. 시험 때는 어쩔 수 없이 그냥 교과서를 외웠다. 그냥 다 외웠다. 이해는 못 해도 통으로 외워서 시험을 봤다. 뜻은 몰라도 이 글자 옆에 저 글자가 있었지. 그럼, 정답이 2번이구나 하면서 시험을 봤다. 그랬더니 B는 받을 수 있게 됐다. 자신감이 생기기 시작했고 영어는 더 늘었다.

결국에는 나는 전교 9등이라는 우수한 성적으로 그 학교를 졸업했다. 저능아 취급했던 아이들은 나를 The most intellectual person(가장 지적인 사람)으로 뽑아 주었다. 미국에서는 졸업생을 대상으로 전교생이 여러 가지 투표를 한다. Most likely to succeed(가장 성공할 것 같은), The most optimistic person(가장 낙천적인 사람) 등등.

장애가 있다고 말한 그 선생님의 반에서는 나는 전교생 중에 2등을 했다. 지원했던 5개의 모든 대학에 합격했다. 장학금도 받았다. 영어를 한마디도 못 했던 내가 말이다.

이때까지도 영어 강사가 되겠다는 생각은 단 한 번도 한 적이 없었다. 나는 꼭 의사가 되어야 한다고 생각했다. 돈을 많이 벌어야 엄마를 책임질 수 있다고 믿었다. 그래서 대학에서 생물학을 전공하게 되었다. 미국, 캐나다에서는 생물학이나 화학을 전공해서 4년제 대학을 졸업하고 다시 의대로 진학하게 되어 있다.

생물학을 공부하면서도 나는 항상 영어를 어떻게 해야 모국어처럼 잘할 수 있는지가 무척 궁금했다. 사람이 어떻게 모국어를 또는 외국어를 습득하게 되는 건지 알고 싶었다. 그래서 전공과목은 아니지만 나의 의문점들을 대답해 줄 수 있는 언어학에 관심을 두게 되었다. 언어학 강의를 들으면서 드디어 하나씩 답을 찾을 수 있었다. 의문점들이 하나씩 풀려 가면서 기쁘고 재미있었던 기억이 난다.

그러던 와중, 또 한 번 내 인생을 송두리째 바꾼 두 번째 일이 일어났다. 엄마의 사업이 망했다. 몇 날 며칠 엄마는 전화를 받지 않았다. 눈앞이 깜깜했다. 여태까지 알바 한번 해보지 않고 공부만 했는데 어떻게 돈을 벌어야 하는지 막막했다.

드디어 돈이 거의 다 떨어진 날, 나는 밖으로 나가 깡통을 주웠다. 슈퍼마켓에 알루미늄 깡통을 모아 가져다주면 몇 센트씩 준다. 밤에 한참을 주웠다. 그리고 그다음 날 그 돈으로 차에 기름을 우리 돈으로 2,000원 정도 넣고 교회에 갔다. 울면서 기도했다. 크리스천인 나는 하나님이 책임지시라고 울며 매달렸다.

집으로 돌아가면 기름마저 다 떨어져 그다음 날 학교는 갈 수 없는 상황이었다. 그날 갑자기 교회에서 잘 알지도 못했던 어떤 분이 자기 아들에게 essay writing(논술)을 과외해 달라고 부탁하셨다. 대뜸 대답했다. 선불로 한 달 치 돈을 달라고. 돈을 받아 집으로 오면서 이제는 살았다는 안도감을 느꼈다. 하지만 뭘, 어떻게 가르쳐야 할지 아무런 아이디어가 떠오르지 않았다.

내가 영어로 글을 쓸 수 있다고 다른 사람을 어떻게 잘 쓸 수 있게 할 수 있는 건지 알 수가 없었다. 한국말을 잘한다고 외국인에게 바로 한국어를 잘 가르칠 수는 없지 않은가? 강사가 되기를 원한다면 자신이 해당 분야를 잘한다고 해서 누군가를 잘 가르칠 수 있다는 착각은 하지 말아야 한다.

누군가를 가르쳤던 경험은 없었지만, 감으로 그 아이의 문제부터 파악해야 한다고 생각했다. 그 아이가 예전에 썼던 글들을 다 받아 집으로 돌아왔다. 다 읽어보니 그 아이가 가지고 있던 가장 큰 문제는 시제를 잘 모른다는 것, 관사를 전혀 쓰지 않는다는 것이었다. 시제와 관사를 연구하기 시작했다. 아이가 알아들을 수 있도록 예문도 쉽게 만들고 그림도 그리고 열심히 준비했다. Like my life depends on it(내 인생이 걸린 것처럼). 그리고 이 두 문제가 해결될 때까지 여러 번 반복하며 가르쳤다. 시제와 관사가 해결되니 그 아이는 A를 받게 되었다.

나는 내게 가르치는 재능이 있음을 깨달았다. 그리고 내가 가르치는 것을 좋아한다는 것도. 그래서 나는 전과하여 언어학과 영어교육학을 전공했다. 한국으로 돌아와서는 YBM e4u 종로센터에서 억대 연봉을 받는 대표 강사가 되었다. 그때를 시작으로 지금도 26년 차 프리랜서 강사로 일하고 있다.

나는 지금까지도 그때의 그 한 아이를 위한 연구를 통해 내가 시제와 관사를 제일 잘 가르치는 강사가 되었다고 생각한다.

강사가 갖추어야 하는 가장 큰 자질 중에 하나는 무엇을 해야 문제가 해결되는지 파악할 줄 아는 것이다. 수강생들의 문제가 무엇인지, 무엇 때문에 어려움을 느끼는지 알아야만 한다. 그래야 그 특정 분야를 연구해서 그 문제들을 해결해 줄 수 있다.

좋은 강사가 되려면 막연하게 이걸 가르치면 되겠지, 하는 우둔한 생각을 버려야 한다. 콕 집어서 문제점들을 밝혀내고 연구해서 구체적인 것들을 해결해 줘야 한다. 그리고 무엇보다 수강생들의 간절함, 절실함도 이해해 주는 강사가 좋은 강사이다.

2

'적당히'를 모르는 강사가 되어라

"선생님은 카리스마가 넘치세요.", "너무 당당하셔서 좋아요." 수강생들이 내게 가장 많이 했던 말들이다. YBM에서 강의하던 시절, 나는 칠판 앞에 큰 무대를 짜서 그 위에서 무선 마이크를 차고 마치 연예인이 공연하듯이 700명 앞에서 하루 10시간씩 매일 강의했다. 뒤돌아보니 나도 내 자신이 신기하다. 어떻게 그 많은 사람들 앞에서 그렇게 자신 있게 강의할 수 있었을까?

나도 처음부터 자신감 넘치는 강사는 아니었다. 나도 초보 강사 시절 수많은 실수를 했다. 그때 큰 실수가 아니더라도 조그마한 실수라도 하게 되면 자신감이 없어지고 당당하게 강의할 수 없다는 것을 명확하게 깨달았다.

실수하게 되면 어떤 현상이 일어나는지 같이 상상해 보자. 제일 먼저 수강생들의 눈을 똑바로 쳐다보지 못하게 된다. 손이 마구 떨리기 시작하고 혀가 꼬여서 알아들을 수 없는 말들이 쏟아진다. 그리고 어디서부터 실마리를 풀어야 할지 머리가 깜깜해진다. 마치 불빛 하나 없는 첩첩산중 한밤

중에 혼자 있는 것처럼.

어떤가? 상상만 해도 공포스럽지 않은가? 강사가 떨면 수강생들은 귀신같이 알아챈다. 그리고 무시한다. 그러면 강사는 수강생들의 마음을 얻을 수가 없다. 수강생들이 마음을 열지 않으면 그 강사는 그 어떠한 지식도 그들에게 전달할 수 없다. 그러니 실수는 절대로 용납해서는 안 된다. 적당히 준비해서는 실수 없는 당당한 강의가 탄생하지 않는다.

우리 엄마에게는 두 언니가 있었다. 세 자매가 거의 같은 때에 임신해서 아이를 같이 낳았다. 서로 아기를 바꿔 가며 젖도 먹이고 했다고 한다. 우리 엄마는 성질 더러운 내게 젖을 빨리다 내 순한 사촌이 설렁설렁 젖을 힘없게 빠니 징그러워서 못 빨리겠다고 하면 우리 이모는 라미가 죽자 살자 빠니 아파서 못 빨리겠다고 했다는 이야기를 여러 번 들었다. 지금 생각해 보니 자매 셋이 아이를 같이 낳고 같이 키우고 참 재미있었겠다 싶다.

그중 동갑내기 남자아이 사촌은 나보다 항상 머리 하나가 더 크고 힘도 셌다. 어린아이들이 다 그렇듯이 우리는 잘 놀다가도 잘 싸웠다. 그런데 싸움이 일어날 때마다, 그 사촌은 내 멱살을 잡고 벽으로 밀치고 주먹으로 나를 마구 때렸다. 나는 진짜 죽도록 맞았다. 그런데도 싸움의 승자는 항상 나였다.

그 아이가 나를 때리다가 힘이 다 빠져서 그만하자고 애원할 때까지 나는 그 아이를 놓지 않고 끝까지 매달렸기 때문이다. 그때마다 우리 엄마는 속상해서 "라미, 너는 '적당히'를 몰라, 왜 뭐든 죽기 살기로 해? 왜 모 아니면 도야? 왜 꼭 끝을 봐야 해? 제발, 적당히 해! 적당히!" 하고 상처투성이인 나를 혼냈다.

그때 그렇게 융통성을 기르라며 '적당히'를 외치던 우리 엄마는 '적당히'를 모르는 내 이 성격이 공부를 할 때도 강의를 준비할 때도 얼마나 나를 단단하게 돕게 되는지 아셨을까?

사실 한국으로 다시 돌아와 살 생각을 하진 않았다. 고등학교는 미국에서 또 대학은 캐나다에서 나왔기 때문에 계속 캐나다에서 사는 것이 나에게는 편했다. 그러던 어느 날, 같은 교회를 다니던 아는 언니가 한국에서 학원 강사가 되었다. 그 언니가 너는 왜 한국에서 영어를 가르칠 생각을 하지 않냐고 물었다. 이미 대학교 1학년 때부터 4년 넘게 영어를 가르치고 있는데 한국에서는 더 잘할 수 있지 않겠냐고 했다. 한 번도 해보지 못한 생각이었는데 듣고 보니 나쁘지 않겠다는 생각이 들었다. 또 바로 비행기를 탔다. 그리고 YBM에 이력서를 냈다. 바로 채용되었다.

YBM e4u 종로센터에서 강의를 시작하기 전 나는 매일 독서실로 출근했다. 대학에서 배운 것처럼 분 단위로 레슨 플랜을 짜기 시작했다. 완벽하게 준비해야 한 권의 책을 두 달 안에 다 강의할 수 있을 것으로 판단했다. 20일 동안 레슨 플랜으로 꽉 찬 두 권의 노트를 완성했다. 하지만 그 두 권의 노트는 강의 첫날 쓰레기통으로 직행했다.

나는 그날 대학에서 배운 것과 실제는 매우 다르다는 것을 뼈저리게 깨달았다. 초보 강사일수록 절대적으로 실제로 강의하는 경험을 최대한 많이 하려고 노력해야 한다. 책에서 배운 것, 그리고 혼자서 생각한 것과 실제 강의는 엄청난 차이가 있다. 나 역시, 준비할 때는 매우 잘할 수 있을 거라고 생각했다. 학생 때 나는 레슨 플랜을 짤 때마다 교수님께 칭찬도 받고 A를 받곤 했다. 나는 나름 내 레슨 플랜에 자신이 있었다. 내가 계획한 대로 강의가 어김없이 계획대로 착착 흘러갈 거라고 막연하게 기대하고 있었다.

그건 나의 엄청난 착각이었다. 10분 안에 끝내야 하는 내 설명은 수강생들의 날 선 눈빛을 쳐다보다 주눅이 들어 이 말 저 말을 하다 보니 20분을 훌쩍 넘겼다. 문제 풀이는 수강생들이 거뜬히 5분 안에 해낼 거로 생각했는데 15분을 넘어도 끝나지 않았다. 현장 강의는 나의 예상을 완전히 빗나갔다.

아침 7시 클래스는 대부분 직장인으로 가득 찼었다. 정확하게 7시 50분에 끝내 주지 않으면 직장에 늦을까 봐 다들 싫은 눈치를 팍팍 냈다. 서둘러 끝내야만 했다. 제대로 진도도 빼지 못한 채 그다음 클래스가 시작됐다. 그다음 클래스도 처참했다. 그 다음다음 클래스도. 그렇게 7개의 클래스를 끝내고 집으로 돌아오면서 내가 과연 강사가 될 수 있을까? 라는 질문을 수백 번 했다. 그냥 못 하겠다고 해야 하나? 오늘이 첫날이니깐 차라리 빨리 못 하겠다고 하는 게 제일 좋은 거 아닌가? 내일 그 수강생들을 또 마주해야 한다니 등줄기가 서늘하다 못해 얼어붙는 것 같았다.

그렇게 쉽게 그만둘 수는 없었다. 어떻게든 내가 한 번 맡은 것은 끝까지 책임져야겠다고 결심했다. 이겨내야만 했다. 영어를 한마디도 몰라도 죽도록 노력해서 미국에서 졸업하는 경험을 하지 못했다면 이때도 포기했을 것이다.

그렇게 '적당히'를 모르는 나는 내 교제를 파고들었다. 어떻게 설명할 것인가를 고민하고 또 고민했다. 첫 석 달 동안은 두세 시간 이상을 잔 적이 없는 것 같다. 자는 시간 외에는 항상 강의를 어떻게 할 것인가를 연구했다.

그러다가 나는 머릿속에서 영상을 보듯이 교실을 떠올리고 수강생들이 눈앞에 있는 것을 상상하는 visualization(시각화)을 시작했다. 나는 학교에서 공부할 때도 암기한 것들을 사진처럼 떠올리면 기억이 잘 나던 경험이 있어 어렵지 않았다. 그래서 실패했던 강의를 떠올리며 장면들을 영화 보듯이 rewind(되감기)해서 보며 재정비하기 시작했다.

새로 준비한 강의를 머릿속에서 그림 그리듯 구체적이고 세밀하게 visualization했다. 그리고 simulation(모의실험)을 수없이 돌렸다. '내가 이렇게 말하면, 수강생들이 이렇게 질문하겠지, 그러면 나는 이렇게 대답할 거야. 아니면 다른 질문을 하면 어떻게 할까? 수강생들은 설명이 길어지면 지루해할 거야, 집중하지 못하면 어떻게 해야 하지?' 여러 상황을 사진을 보듯이 상상하며 준비해 나가기 시작했다.

나는 강의 내용에 따라 나올 수강생들의 질문들도 철저하게 다 생각해 답을 미리 준비했다. 심지어 지루해할 수 있는 포인트들을 미리 상상해서 그 부분에서는 웃긴 얘기 또는 내 경험담들을 앞서 준비해 수강생들이 웃고 다시 집중할 수 있게 했다. 또 내 경험담을 얘기하다 보면 말이 길어질까 봐 시간을 재고 얘기의 길이를 조정했다.

가끔 강사들 중에는 수강생들의 흥미를 잡아보고자 아무 관련 없는 얘기를 길게 하시는 분들도 있다. 그러면 다시 그 주제로 돌아오기 아주 힘들다. 경험담이나 다른 얘기들을 할 때는 그 주제에 맞는, 그 주제를 깨닫게 도와주는 이야기들만 준비해야 한다. 쓸데없는 얘기는 오히려 수강생들을 딴생각하게 하는 독이 된다.

이렇게 '적당히'를 모르는 나는 전쟁을 치르듯 매 순간 나의 강의를 완성해 갔다. 그리고 내 강의는 빈틈없이 잘 짜인 공연이 되었다. 수강생들은 내 강의를 들으면 뭔가 속이 시원해지고 스트레스가 풀린다는 후기를 쓰기 시작했다. 몸이 아무리 피곤해도 빠질 수가 없다고 했다.

방학 때는 마감되는 다른 수업들도 있었지만 보통 달은 마감되는 수업들이 많지 않았다. 하지만 나는 강의를 시작한 지 얼마 되지 않아 일 년 12달 내내 '전 타임 마감 신화'라는 수식어를 달게 되었다. 지방에 사는 대학생들은 방학 때 내 강의를 들으려고 종로에 있는 고시원에서 2달을 살았다고 했다. 심지어 내 강의 때마다 2시간씩 고속버스를 타고 오는 수강생도 봤다. 내가 특강을 하면 수강생들은 학원 밖 길에도 길게 줄을 서고 앉을 자리가 없으면 신문지를 깔고 통로와 교실 밖 계단에도 앉아서 강의를 들었다. 나는 점점 더 자신 있게 되었고 더 당당하게 되었다.

그냥 이도 저도 아닌 강사를 꿈꾸시는 분들은 없을 것이다. 이왕 강사가 되기로 결심했다면 '적당히'를 모르는 끝까지 갈 수 있는 근성을 갖췄으면 한다. 철저하게 준비해서 많은 수강생 앞에서 실수 없이 당당하게 자신 있는 강의를 해내는 강사가 되자.

내게 큰 도움이 되었던 visualization과 simulation을 적극 활용하자. 강의에 대한 긴장을 풀 수 있는 제일 효과적인 방법이 될 것이다. 또한 실제로 강의하는 경험을 많이 해야 예측하지 못한 돌발 상황에도 대처할 수 있다. 어떻게 해서든 강의를 많이 해보시기를 적극 추천한다.

강사는 앞에 있는 수강생들을 붙잡고 한 명도 놓치지 않고 지식습득의 길의 끝까지 끌고 가야 하는 사람이다. '적당히'를 모르는 완벽한 준비로 학생들 앞에서 당당하고 멋진 강사가 되시기를 진심으로 바란다.

3
무림의 고수처럼
가르쳐라

　내가 YBM e4u 종로센터에서 강의하던 시절에는 강의가 매일 밤 10시쯤 끝났다. 나는 항상 그 시간의 종로 거리의 풍경이 놀라웠다. 밤 10시, 11시에도 많은 사람이 돌아다니고 가게 불들은 다 켜져 있었다. 또 종로에는 어찌 그리 많은 학원이 있는지 그 늦은 시간에 직장인, 학생들이 거리로 쏟아져 나왔다.

　미국과 캐나다에서는 해가 떨어지기 시작하면 다들 집에 간다. 아이들은 학교가 끝나고 집에 오면 숙제하고 저녁을 먹고 7시, 8시쯤 잠자리로 간다. 어른들도 직장이 5시쯤 끝나면 집에 돌아와 저녁 식사를 준비해서 가족들과 먹고 일찍 하루를 마감한다.

　내가 이런 얘기를 하면 다들 의아해하며 내게 묻는다. "그렇게 일찍 자면 학원은 언제 다녀요?" 학원을 안 다니고 일찍 자는 일상은 한국에서는 상상도 못 하는 일이라 그럴 것이다. 초중고생들은 방과 후 당연한 듯이 여러 학원에 다닌다. 직장인들도 퇴근 후에 자기 계발을 위해 밤늦게까지 학원에 가서 필요한 분야의 공부를 한다. 다들 그렇게 하는 것이 맞다고 믿고 매일 열심히 뭔가를 배운다.

그러다 보니 우리에게는 더 많이 더 빨리 배워야 한다는 강박이 있는 것 같다. 다들 열심히 하는데 나는 뒤처지는 것 같으니 어떻게 해서라도 순식간에 상급 레벨로 올라가고 싶어 한다. 기초를 확실히 깨치는 것에 중점을 두지 않는다. 무엇이든 빠른 시간 안에 모든 레벨을 배우는 것에만 혈안이 되어 있다.

강사의 입장에서 봤을 때, 이것은 매우 심각한 문제이다. 기초공사가 제대로 되지 않은 건물은 나중에 분명히 무너지게 되어 있는 것처럼, 기초를 확실하게 다지지 않는 사람은 모든 레벨을 배웠다고 해도 나중에 그 분야에서 그 실력을 제대로 발휘하지 못하게 된다. 수강생들은 자기의 진짜 실력을 알지 못하고 기초가 다 된 것으로 착각하고 위의 레벨로 진급하기만을 원한다. 강사들은 당연히 기초는 다 알겠지 하고 넘어가고 더 어려운 것을 가르치는 말도 안 되는 현상이 생겼다.

내가 어렸을 때 한국에서는 홍콩 영화가 인기가 많았다. 무서웠지만 콩콩콩 뛰어다니니 귀엽기까지 했던 강시 영화. 이쑤시개 물고 수백 개, 수천 개의 총알을 날리던 주윤발 영화. 지금도 그때도 왜 그가 쏘던 총들은 총알이 없어지지 않고 계속 쏠 수 있었는지 신기하다. 무엇보다도 나는 소림사에 관한 영화들이 좋았다. 아무것도 못 하던 약한 사람이 모두가 우러러보는 멋진 무림의 고수로 성장하는 일이 어린 나에게는 큰 감동이었다.

주인공은 항상 아무 재능도 없고 힘없는 비리비리한 사람이다. 무시당하는 자기 자신이 한심해 소림사에 있는 고수를 찾아간다. 무술을 가르쳐 달라고 애원하면 그 고수는 온갖 잡일을 시킨다. 몇 날 며칠 물을 길어 오라하고 무술은 하나도 가르치지 않는다. 물을 긷고 또 긷다 그 주인공은 왜 무술은 안 가르쳐 주냐며 울부짖는다. 그 고수는 아직도 멀었다며 더 하라고 한다.

왜 고수는 그렇게 물을 길어 오라고 시켰을까? 그렇게 바라는 데 무술을 왜 빨리 가르쳐 주지 않았을까? 다들 알듯이 체력이 기본인 무술을 가르치려면 힘든 물 길어오기로 기초체력을 다져야 하기 때문이다. 수없이 물을 길어야 체력을 뒷받침하는 근육이 생긴다. 그 근육이 생기기 전엔 아무리 무술을 가르쳐 봤자 수박 겉핥기가 된다. 무술을 하는 척만 하게 될 뿐 진정한 고수가 될 수 없다.

내가 가르치는 영어이든 다른 어떤 분야이든지 간에 기본기를 제대로 가르치지 않으면 절대로 수강생들을 고수로 성장시킬 수 없다. 수강생들이 자신은 기본을 안다고 착각하는 경우를 수없이 봤다. 수강생들은 그 부분에 대해 들어봤다면 자기가 안다고 착각한다. 아는 것과 습득하는 것은 다르다.

강사가 해야 하는 일은 수강생들이 자신이 기초를 갖추지 못했다는 것을 자각하지 못하더라도 기본을 완벽하게 습득할 때까지 연습시키는 것이다. 대충이란 없어야 한다. 수강생이 그 과정을 탐탁지 않아 하더라도 강사가 보기에 더 연습해야 한다고 느낀다면 더 연습시켜야 한다. 무림의 고수가 수없이 물을 길어 오게 시켰던 것처럼 기초가 백 퍼센트 자리를 잡을 때까지 무한 반복을 시켜야 한다. 그래야 내 수강생이 고수로 거듭날 수 있는 희망이 생긴다.

나는 내가 가르치는 수강생들에게 이 부분에 대해 많은 강조를 한다. 대충 안다고 생각해도 나는 넘어갈 수 없다고. 모든 공부는 기초를 다지는 것이 최상의 방법이고 최우선이 되어야 하기 때문이다.

대충 맛만 보고자 하는 것이 아니라면 실력자가 되기 위해선 기초를 그 무엇보다 확실하게 해야 한다는 것을 수강생들에게 정확하게 상기시키고 기초 다지기에 총력을 기울여야 한다.

강사 초창기 시절 어느 날. 한 30대 정도의 남성분이 수업이 끝나고 질문이 있다고 내 앞에 섰다. 그의 질문은 나를 당황하게 했다. 'He'에는 왜 'is'에요? 얼른 대답하지 않고 생각했다. 그의 저의를 알 수가 없었다. '정말 몰라서 묻는 거야? 이건 기본 중의 기본인데…. 아니면 내가 어떻게 대답하는지 시험하려고? 아님, 그냥 친해져 보려고 아무거나 물어보나? 뭐야?'

사실 강사 생활을 하다 보면 다양한 사람들을 만난다. 나는 운 좋게 나를 좋아해 주고 무조건 따르는 수강생들을 많이 만났다. 그런데도 강사라는 직업은 상상하지 못한 이상한 사람들도 만나게 한다. 강사라는 직업에 따라오는 불가피한 일인 것 같다. 잘못 대답하면 수강생들 사이에 안 좋은 소문이 나게 할 수도 있고 학원 게시판에 익명의 글을 남겨 곤란하게 할 수도 있다.

나는 그에게 "He, she, it은 단수이고 be 동사 중에는 단수를 담당하는 것이 is이다."라는 설명을 했다. 그러곤 그가 정말 몰라서 물었다는 것을 깨달았다. 아니, 어떻게 이런 일이 대한민국에서 가능한 것인가? 나는 솔직히 조금이 아니라 많이 놀랐다. 초 · 중 · 고등학교는 의무 교육이고 한국에서 가장 힘쓰는 공부 중에 하나가 영어이다. 어떻게 BE 동사의 활용법을 아직도 모르는 사람이 있다는 거지? 머리가 띵할 정도 의아했다. 이런 것도 모르는 수강생이 있는데 그러면 나는 무엇부터 어떻게 가르쳐야 하는 거야?

수강생들이 자신이 기초는 알고 있다고 착각하고, 기초를 등한시하고 다음 레벨로 넘어가는 것도 문제이지만 강사도 수강생들이 기본적인 것은 알고 있을 거라고 생각하고 넘어 가는 것도 문제이다. 강사란 그 분야의 전문가들이다. 전문가가 되기 위해선 만 시간을 투자해야 한다는 말이 있는 것처럼 수많은 시간을 그 분야에 투자했을 것이다. 많은 시간이 그렇게 흐르다 보면 우리는 우리의 처음을 까먹기 십상이다. 개구리 올챙이 적 생각 못 한다는 것처럼 분명 나도 he에 is를 써야 하는 것을 몰랐던 시절이 있었을 텐데 말이다. 강사들은 이점을 반드시 고려해야 한다.

수강생들의 수준을 내 관점에서만 판단하지 말자. 여러 다른 환경의 수강생들을 가르쳐야 하니 그들의 배경을 이해하려고 노력하고 기초부터 하나하나 가르쳐야 한다고 믿는다. 당연히 알 거라고 생각하고 넘어가면 반드시 나중에 난관에 부딪힌다. 더 이상 앞으로 나아가지 못하고 다시 처음부터 시작해야만 하는 아주 곤란한 상황에 놓이게 된다. 그때는 처음부터 차근차근 기본기를 쌓아 올렸으면 들었을 시간의 배를 투자해야만 그냥 넘긴 구멍들을 메울 수 있다.

나는 그 수강생의 질문으로 많은 생각을 하게 되었다. 얼마나 모른다고 생각하고 강의를 해야 하는 걸까? 어디서부터 시작해야 하는 것일까? 나는 그냥 수강생들이 백지장으로 내게 왔다고 생각하기로 했다. 그들이 이제야 영어를 나와 시작하는 걸로. 가장 기본인 be 동사부터 시작했다. 그래야 내 수강생들을 영어의 고수로 키울 수 있을 테니까 말이다. Be 동사부터 시작하는 나의 첫 강의를 듣고 '강사님, 제가 영어를 잘 못하기는 하는데 이 정도 수준이 아니라서 다른 강의를 들어야 할까요?' 하고 질문하는 사람도 있다. 나는 말한다. 기초부터 다시 시작하다 보면 분명히 놓쳤던 부분들을 깨닫게 될 거라고. 그래야 더 어려운 단계의 영어를 배워낼 힘이 생긴다고. 그리고 내 강의도 이 정도로만은 끝나지 않는다고.

강사는 무림의 고수처럼 수강생들의 기본기를 많은 시간을 투자해서 확실하게 가르쳐야 한다. 팔의 힘은 그런대로 좋아 펀치는 되는데, 결정적으로 힘찬 발차기 한 방을 날려야 할 때 다리 근육이 없다면 어떻게 적을 물리칠 수 있겠는가? 모든 기본기를 갖출 수 있도록 신경 써야 한다. 물론, '빨리빨리'를 좋아하는 한국 사람들은 기본에 시간을 보내는 것을 아주 싫어한다. 그냥 빨리 더 많은 것을 배우도록 적당히 하자고 하는 수강생들이 있을 것이다. 하지만 정말 수강생들이 진정한 실력자들이 되기를 원한다면 기본기를 그 무엇보다 더 열심히 더 오래 더 반복해서 가르쳐라. 틀림없이 수강생들이 고수가 되어 여러분에게 가슴 뻐근한 감동을 안겨줄 것이다.

좋은 강사는 수강생들을 수많은 반복을 통해 기본기를 다지도록 훈련하며 또한 수강생들의 수준을 자기 잣대의 기준으로 넘겨짚는 실수를 하지 않아야 한다.

나는 영어의 고수가 된 수많은 나의 수강생들에게 감사 편지를 받는다. '선생님 덕분에 인생이 바뀌었습니다.', '이제야 영어가 무엇인지 알 것 같아요.', '선생님을 중학교 때 만났으면 제 인생이 달라졌을 텐데요.', '인생일대의 기회를 선생님을 만나 잡게 되었어요.' 나는 내가 기초부터 탄탄히 가르쳤기 때문에 이런 감사의 편지들을 받고 있다고 믿는다.

4

상대방을
이해시킬 수 있어야 강사다

내 인생에서 좋은 영향을 끼친 선생님은 딱 두 분 계신다. 한국에서는 초
등학교 5학년 때 담임 선생님. 미국에서는 Algebra(대수학) 선생님. 물론,
캐나다에서는 내 인생 최악의 선생님도 만났다. 강사가 된 나는 항상 이 세
분의 선생님들을 떠올리며 내가 어떤 선생이 되어야 하는지 늘 생각한다.

초등학교 5학년 담임 선생님께서는 150cm도 안 되는 매우 작은 키의 젊
은 여자 선생님이셨다. 하지만 그 작은 체구가 내게는 너무나도 큰 존재였
다. 선생님 때문에 태어나서 처음으로 배움의 즐거움을 맛보았기 때문이
다. 선생님은 혼자서 떠드는 그런 수업이 아닌 우리를 초대해 같이 생각하
게 하는 수업을 하셨다. 우리에게 항상 질문을 던지시고 생각하도록 유도
하셨다. 그때 생각하는 것이 얼마나 재미있는 일인지 알게 되었다. 나는 공
부를 잘하고 싶어졌다. 선생님이 질문하실 때마다 그 누구보다 더 빨리 내
가 정답을 외치고 싶었다.

우리 엄마는 한 번도 공부하라고 한 적이 없었다. 그래서 나는 공부해야

하는 필요성을 그때까지 느끼지 못했다. 그냥 매일 끝내주게 놀았다. 나는 동네 언니 오빠도 호령하는 골목대장으로 매일 해가 져서 더 이상 앞이 보이지 않을 때까지 놀다 집에 돌아오곤 했다.

그런 내가 공부를 시작한 것은 그 선생님의 질문들 때문이었다. 질문하실 때마다 내 머리는 여러 가지 다양한 생각을 하기 시작했고 새로운 의문들과 관심이 생겨났다. 그 문제에 대해 더 자세히 알고자 하는 의지가 생겼다. 참으로 신나는 일이었다.

그전까지는 다른 선생님들이 무엇을 설명하시던 혼자만 떠드시니 나는 그냥 지루하기만 하고 너무 재미가 없었다. 관심과 흥미가 생기지 않았다. 생각하는 것이 재미있고 배우는 것이 그렇게 신난다는 것을 가르쳐 주신 그 선생님께 지금도 감사하다. 강사가 되고 나서 나는 이 선생님 생각을 많이 한다. 그래서 나도 많은 수강생들에게 배움의 기쁨을 전달하는 선생이 되기 위해 강의 내내 수강생들에게 질문하며 매일 노력한다.

강사라는 직업의 목적은 지식의 전달이다. 그러나, 지식의 전달은 전혀 쉬운 일이 아니다. 나는 벌써 26년째 이 일을 하고 있지만 아직도 쉽지 않다. 수강생들에게 새로운 것을 이해시키기 위해서는 먼저 흥미 있는 도입부를 준비해야 한다. 그냥 오늘은 무엇무엇을 배우겠다, 하고 본론으로 바로 들어가선 안 된다. 수강생들의 의구심을 끌어낼 수 있는 질문들을 해야 한다. 예를 들어 형용사절을 가르치기를 원한다면 그냥 바로 형용사절 예문을 보여주고 설명부터 하지 말고 '형용사가 뭐죠?'라는 질문을 먼저 한다. 수강생들이 하나둘씩 대답을 하기 시작하면, 그때 형용사절의 필요성을 설명한다.

"맞아요, 형용사는 명사를 설명해요. 우리는 아름다운 여자를 영어로 쉽게 할 수 있죠. 자, 앞에 있는 분 한번 해보세요. 좋아요. A beautiful woman이라고 하면 되죠. 여기서 woman이라는 명사를 설명하는 것이 beautiful이라는 형용사에요. 그런데, 혹시 '아까 우리가 길 건너에서 본 여자'라는 말은 영어로 쉽게 나오시나요?'라고.

수업하기 전에, 질문부터 하게 되면 수강생들은 생각을 하게 된다. '나는 형용사절을 모르는구나. 입에서 얼른 안 나오네. 오늘 집중해서 꼭 배워야지.' 이렇게 바로 본론부터 말하지 말고 도입부에서 다양한 질문을 하게 되면 수강생들은 배우고자 하는 의지를 불태우게 된다. 벌써 반은 끝난 것이다.

본론으로 들어가서도 설명만 하지 말고 중간 중간에 계속 수강생들에게 질문을 던져야 한다. 내가 수강생들에게 자주 하는 말 중 하나는 '배움은 interaction(상호작용)이 있어야 일어난다.'이다. 배움은 절대 일방적일 때 일어나지 않는다. 강사가 아무리 많은 말을 하더라도 수강생들과의 interaction이 없다면 배움이 일어나지 않는다. 한 귀로 듣고 한 귀로 흘리게 될 뿐이다. 질문들이 수강생들로 하여금 같이 생각하게 하면 쉽게 흥미를 유발할 수 있다. 강사가 이끄는 대로 수강생들이 그냥 수동적으로 쫓아만 가는 것이 아니라 강사와 수강생이 하나가 되어 같이 그 지식에 함께 도달하게 되는 것이다. 나는 이것이 최고의 강의 스킬이라고 믿는다.

　미국에서 유학 초창기 시절, 다들 나만 보면 나를 피했다. 아무도 나와 눈을 마주치며 얘기하려 하지 않을 때 영어를 못 알아듣던 나를 유일하게 예뻐해 주시고 눈을 마주쳐 주시던 Algebra(대수학) 선생님이 계셨다. 그 때 나는 영어를 알아듣지 못했지만, 선생님이 나와 눈을 맞추고 나의 감정을 읽으려 노력한다는 것을 알았다.

　나도 어떻게든 선생님의 말 한마디라도 알아듣기 위해 있는 힘을 다해 노력했다. 진심으로 선생님 말씀을 이해하기를 원했다. 눈을 맞추어 주시니 나는 다른 생각을 할 수가 없었다. 나의 모든 것은 선생님이 하시는 말씀과 행동에 집중돼 있었다.

　결국 그런 선생님의 노력은 통했고 나는 그 반에서 1등을 할 수 있었다. 뽀글뽀글한 금발 머리, 파란 눈, 웃음 많으시던 동글한 선생님의 얼굴, 진심으로 쳐다봐 주시던 눈빛을 떠올리면 지금도 마음이 뭉클해진다. 선생님과 눈을 마주하면서 느꼈던 감정들도 아직도 느껴진다. 그래서 나도 수강생들과 항상 눈을 마주치는 강사가 되기로 결심했다.

　나는 강의할 때 대본이 없다. 항상 다 외워서 강의한다. 대본 없이 다 외워서 강의하는 이유는 수강생들의 눈을 마주 보기 위함이다. 눈을 보는 데는 여러 가지 이유가 있다.

　첫째, 눈을 마주쳐야 수강생들이 다른 생각을 하지 않고 집중해 준다. 강사가 눈을 다른 곳에 두면 수강생들의 관심도 다른 곳으로 가버린다. 절대 눈을 돌리지 말고 관심을 잡아 두어야 한다.

둘째, 인간의 뇌는 감정교류가 있어야 기억이 잘 된다고 한다. 뇌에서 기억을 담당하는 해마는 감정을 담당하는 부분과 붙어 있기 때문이다. 눈이 마주쳐야 감정교류가 일어난다. 감정교류가 생겨야 기억에 오래 남는 것이다.

셋째, 눈을 보고 있어야 그 사람이 내가 하는 말을 이해하고 있는지 없는지를 알 수 있다. 간혹, 수강생들이 알아듣든 말든 자기 할 말만 하는 강사들이 있다. 정말 별로다. 수강생들을 이해시키지 못한다면 왜 강사가 필요한가? 수강생들은 무슨 잘못인가? 이해하지도 못하는 데 돈을 내고 시간을 들여 강의를 듣는 것은 바보 같은 짓이다. 반드시 알아듣고 있는지 확인하자.

강사는 항상 수강생들을 이해시키기 위해 온갖 노력을 해야 한다. 이해하지 못하는 눈치면 또 다른 방법으로 설명해야 한다. 나는 항상 한 가지의 설명이 아닌 두세 가지의 다른 approach(접근법)를 준비한다. 오늘 준비한 내용이 반드시 오늘 강의에서 전달되어야 하기 때문이다. 수강생은 집에 가서 다시 보면 된다고 생각하더라도 강사는 수강생들이 이 교실 문을 나가기 전에 다 이해시킬 거야 하는 각오로 임해야 한다. 그러려면, 눈을 보며 이해하고 있는지 파악하는 것은 필수이다.

캐나다에서 대학에 다닐 때 나는 내 인생의 최악 선생님을 만났다. 중국계 교수님이었는데 그녀는 우리에게 단 하나의 질문도 하지 않았고 단 한 번도 눈을 마주쳐 주지 않았다. 들어와서 강의 처음부터 끝까지 overhead projector(오버헤드 프로젝터)에 필기하며 계속 말만 했다. 나는 그녀가 한 말을 하나도 이해하지 못했다. 그러므로 아무것도 배우지 못했다. 이해하기 위해서 혼자서 교과서를 읽고 또 읽었다. 그냥 나 혼자 공부한 것이다. 그 교수님한테서는 아무 도움도 받지 못했다는 말이다. 그 과목을 듣기 위해 낸 등록금이 너무나도 아까웠다. 매번 더 자고 싶은데도 일찍 일어나 그 강의에 참석해야 한다는 것이 나를 분노하게 했다. 이해시키지 못한다면 왜 가르치는 직업을 택한 것일까?

앞의 좋은 두 선생님을 만나지 못했다면 지금의 나는 없었을 것이다. 살면서 좋은 선생님을 만나는 것은 얼마나 큰 복인가? 나는 말하는 것보다 듣는 것이 훨씬 더 힘들다고 생각한다. 내가 말할 때는 한 시간이고 두 시간이고 지루하지 않다. 하지만 나도 다른 사람의 강의를 듣고 있을 때는 집중하기 위해 상당한 노력을 해야 한다. 조금만 신경 쓰지 않으면 다른 생각을 하기 십상이다.

결론적으로 말하고 있는 나보다, 듣기 위해 노력하고 있는 내 수강생들이 더 대단한 것이다. 진심으로 나는 내 수업을 듣는 내 수강생들을 존경한다. 그들은 하루 종일 학교에서 공부하고, 하루 종일 직장에서 일하고, 하루 종일 집안일하고 일과를 끝내고 내 수업을 듣는다. 얼마나 힘들고 지쳐 있겠는가? 그런데도 있는 힘을 다해 집중한다. 내 목소리에 모든 신경을 쏟아 배움에 힘쓴다.

그래서 나는 그들이 투자한 그들의 시간과 노력을 소중하게 생각할 수밖에 없다. 어떻게 대충 가르칠 수 있겠는가? 매시간 나의 최선으로 그들을 대한다. 그래야 배움이 일어난다. 좋은 강사가 되기를 원하는가? 수강생들도 강의를 듣기 위해 많은 시간을 투자하며 노력하고 있다는 것을 잊지 말아야 한다. 그러니 이해시키기 위한 노력을 한시라도 게으르게 하면 안 된다. 무슨 수를 써서라도 말이다. 나는 가끔 소리도 지르고 노래도 부른다. 집중과 관심을 끌기 위해서는 무엇이든 할 수 있다.

좋은 강사가 되어 좋은 강의를 하기를 원한다면 수강생들이 같이 생각할 수 있도록 계속 질문해야 한다. 그리고 수강생들과 눈을 마주하며 교감하고 그들이 이해하고 있는지를 잘 파악해야 한다. 조금이라도 의구심을 갖고 있는 표정이라면 다른 approach를 준비해 수강생들을 이해시키도록 노력해야 한다.

5

수강생의 입장에 서서
바라봐라

   나의 언어습득에 대한 지대한 관심이 내가 언어학으로 전과하게 된 가장 큰 이유이다. 워낙 영어를 혼자 터득하느라 온갖 고생을 했던 나는, 어떤 과정으로 사람이 언어를 습득하게 되는지 꼭 배우고 싶었다. 나의 이 관심은 훗날 수강생들에게 영어를 습득시키기 위해 여러 가지 방법을 고안해 낼 수 있는 큰 힘이 되었다. 이렇게 강사의 개인적인 관심 분야도 강의의 재료가 되거나 강의의 스킬을 기르는 것에 도움이 될 수 있다.

   대학에서 공부하던 어느 날 새로운 Language Acquisition(언어습득) 과목에 새로 부임하신 교수님이 강의하게 되셨다는 소식을 들었다. 당장 신청하고 수업에 참석했다. 결과를 먼저 말하자면 대실망이었다. 그 과목을 강의한 그 교수님은 대단한 분이셨다. 또 강의도 따분하지 않고 흥미진진했다. 그 교수님은 세상이 전혀 알지 못하던 어느 부족과 몇 년을 같이 생활하며 그들의 언어를 연구하고 막 돌아오신 분이었다. 거기서의 생활, 그 부족과의 교류, 그들의 언어 체계에 대한 설명은 나를 한 번도 눈을 떼지 못하고 집중하게 만들었다.

그분의 막대한 전문 지식, 또한 미지의 언어를 연구한 열정은 어마어마했다. 존경할 만했다. 하지만 막상 나는 내가 알기를 원했던 지식을 그 교수님에게서 얻지 못했다. 그 교수님은 자기가 얘기하고 싶은 주제에 관해서만 이야기하셨다. 정작 학생들이 알고자 하는 지식은 무엇인지 모르신 듯했다. 허무하기 짝이 없었다. 재미는 있었으나 필요한 지식은 얻지 못한 부적절한 강의였다.

강사가 정말 조심해야 하는 부분은 바로 이것이다. 아무리 재미있는 강의를 해도 반응이 뜨거워도 강의 내용이 부적절할 때가 있다. 강사가 먼저 수강생의 입장에서 생각하지 않았기 때문이다.

영어에는 'Put yourself in my shoes.'라는 말이 있다. 새 신발을 신고 길을 나섰는데 뒤꿈치 부분이 너무 딱딱해 아프다고 아무리 설명해도 상대방은 그 고통을 정확하게 이해할 수가 없다. 그 사람이 내 신발을 신고 걸어봐야 내가 어떤 구체적인 고통을 겪고 있는지 비로소 알게 된다. 즉 상대방이 내 입장이 되어 내 상황에 놓여 봐야 그제야 나를 이해할 수 있다는 말이다.

강의를 준비할 때 강사가 제일 먼저 해야 하는 일이 바로 '수강생의 입장'에 서 보는 것이다. 수강생들의 신발을 신고 걸어보자. 그들의 입장이 되어 강의를 준비해야 한다. 강사는 본인이 원하는 강의를 준비하는 것이 아니라, 수강생들이 배우기를 원하는 내용을 준비해야 한다. 그것이 좋은 강의가 된다.

강사는 자기가 얼마나 다양한 지식을 소유하고 있는지를 나열하고 뽐내고자 하는 직업이 아니다. 강사가 얼마나 많은 것을 알고 있는지는 수강생들에게 무의미하다. 강사가 아무리 유식하더라도 수강생들이 알기를 원하는 내용을 전해 주지 않는다면 무슨 소용인가?

등산화가 필요해서 백화점을 찾았는데 영업사원이 내가 물어보지도 않은 하이힐에 관해서만 설명한다면 나는 어떤 기분일까? 황당할 것이다. 그리고 당장 다른 가게로 갈 것이 뻔하다. 그래서 물건을 팔 때도 제일 먼저해야 하는 일이 소비자의 입장에서 생각해 보는 것이다. 그래야 어떤 물건을 팔아야 하는지 알 수 있으니깐. 강의도 마찬가지라고 생각한다. 수강생들의 입장에서 그들이 무엇을 배우기를 원하는지 먼저 생각해야만 한다. 이것은 당연한 이치이다.

초보 강사 시절에 학원장은 나에게 어떤 베테랑 강사의 강의를 듣고 그대로 따라 배우라는 주문을 했다. 그 베테랑 강사는 이미 7~8년의 강의 경력을 가지고 있었다. 나는 많은 기대를 했다. 배워야 하는 강의 스킬이 있다면 다 배워야지 굳게 맘먹고 들어갔다. 역시 오래된 강의 경력을 증명하듯 그 강사의 말은 아주 매끄러웠다. 진행 또한 순조로웠다. 심지어 그 강사는 외모 또한 수려했다. 긴 웨이브 머리를 한쪽 어깨에 걸치고 새하얀 정장을 입은 아주 매력적인 모습이었다. 배울 점이 아주 많은 강사라고 생각했다.

하지만 강의가 진행되면서 딱 하나 걸리는 점을 발견했다. 어떤 단어를 설명하면서 그 단어의 동의어, 유사어, 반대어 등을 칠판 가득 써내려 가는 것이었다. 나는 생각했다. 학생들이 그 새로운 단어 하나를 배우고 뜻을 외우기도 벅찰 텐데 그 단어보다 더 어려운 동의어, 유사어들을 저렇게 많이 알려주는 것이 과연 도움이 될까? 나는 그 부분에는 동의할 수 없었다.

무조건 많이 알려주는 강의가 좋은 강의인가? 아니다. 나는 그런 강의는 무책임한 강의라고 생각한다. 그런 강의는 내가 이 많은 것들을 알려 줬으니 이제 너희는 알아서 다 외우라고 하는 식의 일방적인 강요라고 생각한다. 엄청난 양의 지식을 쉬지 않고 쏟아놓는 강의는 아무에게도 도움이 되지 않는다. 수강생들의 입장을 전혀 배려하지 않은 강의인 것이다.

학창 시절, 선생님이 과도한 양의 숙제를 내주거나 시험 범위를 너무 넓게 잡아 좌절감을 느꼈던 경험을 해본 적이 있는가? 어디서부터 어떻게 시작해야 할지 몰라 막막한 공포감에 사로잡힌 그 경험을 말이다. 대부분의 수강생들은 너무 많은 지식에 노출되면 시작도 못 하고 아예 포기하게 된다.

좋은 강사가 되기 위해서는 분별력부터 키워야 한다. 무엇은 가르치고 무엇은 안 가르쳐도 되는지 구분부터 해야 한다. 무조건 다 알려 주는 것이 능사가 아니기 때문이다. 서울로 가는 길을 물어 오는 사람이 있다고 하자. 서울로 가는 길이 백 개가 존재한다면 그 백 가지를 다 가르쳐 줘야 하나?

아니면 가장 **빠르고** 편하게 가는 한 가지의 길을 분별하여 그것만 정확하게 잘 가르쳐 주는 것이 맞는가? 후자가 맞다.

강사는 수많은 지식 중에 수강생들에게 꼭 필요한 핵심 내용이 무엇인지 분별하는 능력을 반드시 길러야 한다. 어떤 내용이 내 수강생들을 이해시키는 데 효율적인지. 어떤 내용은 오히려 수강생들을 혼란스럽게 할 것인지를 판단하라는 말이다.

나는 가끔 거짓말도 한다. '여기서는 이것만 알면 됩니다. 다른 것 신경 쓰지 마세요. 이 부분은 딱 이것 한 가지만 알면 끝이에요.' 하면 우리 수강생들은 착해서 내 말을 철석같이 믿는다. 눈을 반짝이며 고개를 끄떡끄떡한다. '그래, 여기서는 이거 한 가지만! 이라미 강사님이 이거 한 가지만 외우라고 하니깐.' 한다.

그리고 며칠 뒤, 나는 말한다. '저번 강의에서 이것 한 가지만 알면 된다고 했죠? 기억나요? 다 거짓말이었어요! 에이, 어떻게 그거 한 가지만 있겠어요. 더 있지.' 하면 순간 불편한 정적이 흐른다. 수강생들은 깜짝 놀라 모두 다 눈을 동그랗게 뜨고 나를 응시한다. 나는 사실 이런 순간들이 너무 짜릿하고 좋다. 이럴 때 수강생들의 집중도가 백 퍼센트에 이르기 때문이다. 내가 무슨 말을 하던 간에 다 듣게 되어 있다. 그런데 왜 나는 거짓말을 한 걸까?

어떤 내용은 가르칠지 어떤 내용은 안 가르칠지 분별하는 능력을 길렀다면 이제는 적기를 포착하는 기술을 길러야 한다. 강의는 타이밍이다. 수강생들에게 꼭 필요한 핵심 내용들을 정리했다고 다가 아니다. 그냥 순서 없이 마구잡이로 가르치면 안 된다. 그 내용들을 어떤 순서로 어떻게 적재적소에 전달할지 타이밍을 정해야 한다.

그리고 핵심 내용이 여러 가지라는 것도 먼저 다 알려 주는 것은 좋은 방법이 아니다. 자칫하면 수강생들의 생각이 분산될 수 있다. 그래서 나는 핵심 내용이 하나라고 하는 거짓말의 무리수를 둔 것이다. 또한, 수강생들이 기초가 되는 핵심 내용에 총력을 기울여 먼저 외우게 한 후에, 다음 핵심 내용을 소개하여 순서대로 두 가지가 다 이해되는 효과를 바란 것이다.

물론, 내가 거짓말을 자주 한다고 오해는 하지 말았으면 한다. 같은 방법을 자꾸 쓰면 효과가 떨어지므로 '거짓말했어요.'는 전 6개월 과정에서 딱 한 번만 쓴다.

강의의 주도권은 강사에게 있지 않고 수강생들에게 있다는 것을 아는 강사가 좋은 강사이다. 그래야 강사의 입장이 아닌 수강생들의 입장에서 생각하게 된다. 강의 주제를 정할 때 수강생들이 배우고자 하는 내용이 무엇인지 가장 먼저 고민하자. 무분별하게 많은 내용의 전달을 목표로 하지 말고 수강생들이 꼭 집중하여 배워야 하는 핵심 내용만을 골라내자. 그리고 그 내용들을 순서대로 잘 전달하면 정말 좋은 강의를 할 수 있다.

확실한 목표를
세우자

YBM에서 영어를 가르치기 시작하고 얼마 안 되어서 동남아 지역으로 여행을 갔을 때의 일이다. 그곳에서 유명한 백화점을 찾아가기 위해 무작정 택시를 탔다. 택시 기사님과 말이 안 통하지 않을까 걱정했는데 다행히 나이 지긋하신 그 기사분은 영어를 꽤 유창하게 하셨다. 목적지도 잘 알아들으셨을 뿐만 아니라 목적지까지 가는 동안 다른 여러 가지 주제로 얘기도 할 수 있었다. 한참 대화를 나누다 문득 이분은 어떻게 영어를 잘하게 되셨는지 궁금해졌다.

"How did you learn English?"
(어떻게 영어를 배우셨죠?)
"I learned it at school. That's it."
(학교에서 배웠죠. 그게 다예요.)

나는 화가 났다. 아니 심하게 기분이 나빴다. '그럼, 우리 한국 사람들은 바보야? 우리는 학교에서 안 배우나? 학교뿐만 아니라 학원에서도 공부하는데 왜 영어가 안 되는 거야?' 그분이 잘못한 것도 없는데 나는 괜히 심통이 났다. 수많은 시간을 영어에 투자해도 영어로 시원하게 말하지 못하는 내 수강생들의 처지에 화가 났던 것이다.

내가 한국에 와서 제일 많이 받은 질문이 있다. 의사를 만나든 변호사를 만나든 심지어 놀이터에 있는 아이를 만나던 그들은 내가 영어 강사라는 것을 알게 되면 항상 같은 질문을 했다. "어떻게 해야 영어로 잘 말할 수 있나요?"

한국 사람들은 공부를 많이 한 사람이든지 아니든지 영어 말하기가 염원인 것이다. 영어로 말을 잘하고 싶다는 마음을 나는 너무 잘 이해한다. 나도 미국에 처음 갔을 때 팔다리를 떼어 주고라도 잘하고 싶었으니깐. 그렇다면 내가 어떻게 가르쳐야 그 택시 기사분처럼 내 수강생들이 영어로 대화할 수 있게 도와 줄 수 있을까? 깊은 고민을 했다.

어느 분야의 강의이던지 간에 그 분야의 여러 세부 파트를 나누어 가르쳐야 하듯 영어도 문법, 어휘, 회화, 듣기 등등 많은 파트들이 있다. 나는 내 수강생들이 영어로 말하는 사람들을 만들기 위해 일단은 많은 파트 중 일상생활에 쓰이는 말하기에만 힘을 다하기로 결심했다.

한국에서는 지문을 읽고 해석하는 교육에만 너무 치우쳐 있다. 고등교육을 받았다면 사람들은 대부분 어려운 내용의 지문들을 해석하고 문제를 풀 수 있다. 하지만 기본적인 생활 문장들을 말하는 훈련이 되어 있지 않다.

나는 기본부터 다시 다 가르치기로 마음먹었다. 생활 문장들을 말할 수 있도록 훈련하자. 수강생들이 직접 그 문장들을 만들게 하자. 간단하게라도 영어로 말할 수 있는 경험을 스스로 하게 하자. 배운 것을 바로 써먹는 기쁨을 알게 되면 더 많이 배워서 말하고 싶어질 것이라 생각했다.

그럼 말하기를 마구 시키면 되는 것일까? 다들 모르는 것이 있다. 말하기 위해선 말부터 하면 안 된다. 우리가 처음으로 접하는 보드게임이 있다고 하자. 처음부터 무턱대고 게임을 시작하면 되는가? 아니다. 반드시 그 규칙들을 숙지하고 그 규칙들대로 플레이해야 게임이 진행되는 것처럼, 말하기 위해서는 말하기의 규칙들을 먼저 배워야 한다. 그 규칙들을 우리는 문법이라 부른다. 문법이란 문장을 만드는 법칙이라는 뜻이다.

나는 내 학생들이 외국인들과 영어라는 보드게임을 원활하게 플레이할 수 있도록 영어의 규칙들 즉 문법을 배워야 한다고 생각했다. 그것도 수강생들이 실제로 일상대화에 적용할 수 있는 문법들부터 가르치겠다는 확실한 목표를 세웠다.

나는 한국에서 최초로 영작하는 문법반을 만들었다. 다른 문법반들처럼 문법을 설명하고 문제에 빈칸 하나를 채워 넣는 방식이 아니었다. 다른 사람이 다 써놓은 문장에 빈칸 하나만을 채워 넣는 것만으로는 부족하다고 판단했다. 스스로 처음부터 끝까지 혼자서 문장을 만드는 훈련이 되어야 말을 할 수 있다고 생각했다.

나의 판단은 맞아떨어졌다. 수강생들의 반응은 뜨거웠다. "십 년 넘게 공부했는데 저는 왜 이제야 이런 간단한 문장들을 말할 수 있게 되었을까요?", "제가 스스로 문장을 만들 수 있다니 신기해요.", "제가 자꾸 영어로 말하니깐 친구가 재수 없대요.", "영어가 재밌어요." 등등.

덕분에 나는 일약 스타 강사가 되었다. 새벽반부터 밤까지 모든 반이 마감되었다. 강의실을 계속 더 큰 교실로 옮겨 다녀야 했다.

심지어 타 학원 강사들이 몰래 등록해서 듣고 가는 일도 벌어졌다. 유명 강사의 강의 준비를 도와주며 강의 스킬을 배우는 새끼강사라는 것이 있다. 같은 학원 강사들 중에서 어떤 선생님은 제발 내 새끼 강사가 되게 해 달라고 요청하기도 했다. 물론, 나는 혼자 고민하고 일해야 하는 성격이라 새끼 강사를 받을 수는 없었다. 지금도 강의는 백 퍼센트 내가 준비한다. 단지 그 외의 사무적인 것을 도와주는 조교가 있을 뿐이다.

뚜렷한 강의 목표가 좋은 강의를 만든다. 무엇을 가르쳐야 하는지 확실하게 분석해야 한다. 수강생들에게 제일 필요한 것이 무엇인지 알고 강의를 디자인해야 그들을 도울 수 있다. 그래야 가장 도움이 필요한 부분에서 도움을 받게 된 수강생들이 만족감을 느낀다. 그러면 당연히 수강생들에게선 긍정적인 피드백이 나온다. 그리고 긍정적인 피드백은 강사를 더 좋은 강사가 되게 한다. 매일 더 연구하고 더 발전하게 된다. 칭찬은 고래도 춤추게 한다고 하지 않던가.

영작하는 문법반을 처음 소개했을 때 그 새로운 방식을 의심하는 눈빛들이 많았다. 저 새로운 강사는 뭐 하자는 거야 하며 쳐다보는 수강생들도 있었다. 그중 한 명이 지금 나의 남편이다. 내 학생이었던 그는 처음 수업에서 내가 하는 모든 말을 믿기 힘들었다고 했다. 자기도 영어 공부를 벌써 몇 년째 하고 있는데 도대체 이 강사는 왜 이렇게 하자는 건지 적응하기가 힘들었다고 했다. "나이도 어려 보이는데 뭐 저렇게 당당해?" 하며 당당한 내 모습까지 거슬렸다고. 하지만 내가 자신감 있게 나의 확실한 목표를 밝혔고 그는 그 목표를 한번 믿어 보기로 결심했다고 했다. 믿고 배우다 보니 놀랍게도 그 방법이 맞았고 영어가 너무 즐거웠다고 했다. 지금도 우리 신랑은 내가 강의할 때 가장 멋지다고 얘기한다.

강사는 이렇게 확실한 목표를 정하고 뚝심 있게 끌고 나가는 힘도 길러야 한다. 강사가 바람에 흔들리는 갈대처럼 이랬다저랬다 하면 안 된다. 이 세상의 어떤 강의도 모든 수강생을 다 만족시킬 수는 없다. 좋은 얘기도 나오지만, 부정적인 얘기도 물론 나올 수 있다는 것을 감안해야 한다. 그렇다고 할지라도 자신이 생각하는 목표가 정답이라고 생각하면 꾸준히 그 길을 가야 하는 것이다.

나의 강의에 내가 강한 확신을 가질 만큼 최선을 다해 연구하고 준비했다면 흔들리지 말아야 한다. 그 강의실에서 전문가는 나 하나라는 것을 기억하자. 준비만 완벽하게 했다면 그 강의는 최고의 강의가 될 수 있다.

강사는 목표를 정하면 스스로를 믿어야 한다. 진심은 반드시 통하는 법이다. 시간이 걸려도 진심으로 돕기를 원하면 그 마음이 전달되게 되어 있다. 나도 이런 경험을 수도 없이 한다.

나를 만나고 영어가 좋아졌다는 후기, 나와 공부하고 외국 기업에 들어갈 수 있었다는 후기, 외국에서 살게 되었다는 후기 등등 이런 수백 개의 후기에 힘입어 지금도 나는 내 수강생들이 영어로 말하는 사람들이 되게 하겠다는 확실한 목표를 가지고 달려가고 있다. 나는 내일도 또 달릴 것이다.

7

스승이 되는
강사가 되자

어느 날 우리 아들의 어린이집 선생님이 내게 말씀하셨다.

"어머님, 지유(가명) 별명이 뭔지 아세요? 카마에요. 카마." 카마가 뭐냐고 물으니 선생님 말씀이 "카라멜 마끼아또처럼 달콤하다고요. 아이가 너무 다정하고 사랑이 많아요. 다른 반 선생님들도 힘이 들 때 저희 반에 오셔서 지유를 꼭 안고 있다 가셔요. 그럼 너무 힐링이 되거든요."

아이가 내게만 힐링이 되는 것이 아니었나 보다. 그렇게 잘생긴 이목구비는 아닌데 아기 때부터 어디를 가든 사람들이 다 예뻐했다. 태어날 때부터 사랑받는 능력을 갖추고 태어나는 아이가 있다던데 우리 아들이 그랬다. 아이가 어린이집에서도 초등학교에 가서도 선생님들 사랑을 많이 받았다. 공부를 특출나게 잘해서가 아니라 다정한 성격, 따뜻한 말투 때문인 것 같다. 그래서 학교를 보내고도 나는 한 번도 아이 걱정을 한 적이 없었다.

그러던 어느 날, 새 학년이 되어 새로운 담임 선생님을 만나고 나서부터 아이가 바뀌기 시작했다. 아이는 워낙 낙천적인 성격이라 항상 즐겁게 생활했다. 그런데 이제는 학교만 갔다 오면 선생님이 이렇게 했다 저렇게 했다 하며 불만을 토로했다. 자기는 미움을 받고 있다고, 선생님은 자기를 싫어한다고 했다. 선생님이 바르지 못한 부분들을 고쳐 주시려고 혼내시는 거라고 아이를 토닥였다.

아이에게 이상한 현상이 일어났다. 코를 반복적으로 킁킁대다가 눈을 깜박깜박했다. 그 킁킁거리는 소리가 굉장히 거슬렸다. 틱장애가 온 것이다. 하늘이 무너지는 것 같은 마음이 들었다. 이미 틱에 대해 주변에서 여러 이야기를 들었었다. 괜찮다고 말하며 아이에게 최대한 티를 내지 않았지만 내 마음은 엄청난 굉음을 내며 바닥으로 추락하고 있었다. 어른이 되어서도 틱이 없어지지 않으면 어쩌지 하는 생각에 하늘이 무너지는 느낌을 받았다.

원인이 무엇인지 깊은 고민을 했다. 주변에 전문가들과 지인들에게 상담도 했다. 처음 받는 미움 때문이었으리라. 물론, 다른 여러 원인도 있었겠지만 아마 그게 제일 컸던 것 같다. 그 선생님을 거쳐 다른 담임 선생님을 만나고선 틱장애가 완전히 없어졌다.

나는 이 일을 겪으면서 선생, 강사라는 직업에 대해 더 많이 생각하게 되었다. 가르치는 직업은 그냥 돈을 벌기만을 위한 수단이 되어서는 안 된다. 특히, 어린아이들을 가르치는 강사들은 수강생들을 아끼고 위하는 마음을 가져야만 한다. 아무리 어린아이라도 선생님의 마음이 진짜인지 아닌지 다 안다. 그대로 다 전해지게 되어 있다. 아이들에게 선생님은 정말 많은 영향을 끼친다. 그래서 가르치는 직업을 절대 쉽게 생각해서는 안 된다.

강사는 사람을 상대하는 직업이다. 기계를 상대하는 직업이 아니다. 사람과 기계는 무엇이 다른가? 사람은 감정과 마음이 있고 기계는 없다. 그래서 사람을 가르쳐야 하는 강사는 수강생들의 감정과 마음도 반드시 신경써야 한다.

학창 시절 누구나 좋아하는 선생님, 싫어하는 선생님이 존재했을 것이다. 그리고 좋아하는 선생님 시간에는 어떻게든 한 글자라도 더 배우기 위해 귀를 쫑긋 세웠을 것이다. 반면에 내가 싫어하는 선생님 말씀은 맞는 말이라도 아무것도 듣고 싶지 않았을 것이다.

내가 좋아하는 선생님은 어떤 선생님이었을까? 조금이라도 나를 생각해주고 배려해 준 선생님이었을 것이다. 생각하고 배려한다는 것은 상대방의 감정을 존중해주는 것이다. 사람은 내가 존중받았다고 생각할 때만 마음을 열 수 있다. 수강생들이 마음을 열지 않으면 강사가 아무리 뛰어난 지식을 가지고 있다 하더라도 그것을 전달할 수 없다.

수강생들의 마음을 얻기 위해선 그들의 감정을 염두에 두고 그들을 대해야 한다. 기분 나쁘게 하는 강사에게 마음을 열 수강생은 없다. 물론 그들에게 좋은 소리와 과한 칭찬만 하라는 말은 아니다. 쓴소리도 당연히 해야 한다. 어떤 수강생들은 배움에 대한 자세나 태도가 잘못되어 있다. 어떤 수강생들은 아예 배움에 대한 갈망이 없다. 또 어떤 수강생들은 무엇을 위해 배워야 하는지도 모른다. 그럴 때는 강사는 명확하게 그들의 문제를 지적하고 일깨워 줘야만 한다. 하지만 쓴소리를 할 때 그들을 무시하거나 비꼬는 소리는 하지 말아야 한다는 말이다. 쓴소리도 수강생들에게 도움이 되기를 원하는 마음으로 해야지 단순한 신경질이어서는 안 된다. 문제에 관해서만 얘기하자. 그 문제를 가지고 있는 수강생을 비하해서는 안 된다.

내가 일했던 YBM은 피아노 거리, 지금은 젊음의 거리라고 불리는 길 가까이에 있다. 나는 그 길에서 내 수강생들을 마주치는 같은 꿈을 자주 꾼다. 꿈에 우리는 반가운 마음에 안부를 묻고 대화를 한다. 영어로.

나는 이 꿈에 대해 내 수강생들에게 자주 얘기한다. 나의 목표는 이 꿈과 같이 되는 것이라고. 내가 영어를 가르친 내 수강생과 영어로 자유롭게 대화하는 것이 나의 꿈이라고. 나는 나만 꿈꾸는 강사가 되기를 원하지 않는다. 나는 내 꿈이 내 수강생들에게 옮겨 가기를 원한다. 그래서 그들도 같이 꿈을 꾸고 그것을 같이 이루기를 기도한다.

내 꿈 얘기를 듣고 이 꿈을 이룬 수강생들이 많다. H 호텔에서 일하며 매일 새벽 강의에 나왔던 수강생이 있다. 많이 피곤했을 텐데 열심히 나왔다. 몇 년이 지난 후 인스타 DM으로 "선생님을 만나 인생이 바뀌었습니다."라고 했다. 그 수강생은 나와 영어를 공부한 덕에 두바이로 발령받을 수 있었고 그곳에서 아랍의 여러 왕족과 알게 되었다고 한다. 그리고 그분들과의 친분으로 한국과의 의료 교류 사업을 크게 성공시켰다. 정말 인생이 바뀐 것이다.

또 어떤 수강생은 내게 배운 영어가 본인 인생의 숨겨진 10cm를 열어 주었다고 했다. 그 수강생의 이 말이 너무 멋져 지금도 기억하고 있다. 그 수강생은 영어를 배우고 생각지도 못한 캐나다로 가게 되었고 지금은 거기서 시민권도 따고 잘 살고 있다고 했다.

나는 그냥 내 일을 열심히 한 것뿐인데 수강생들의 인생이 바뀌다니 이 얼마나 놀라운 일인가? 나는 지금도 이런 일들이 정말 그냥 꿈만 같다. 그리고 너무 감사하다. 그래서 나는 내가 강사인 것이 좋다. 매일 아침 눈을 뜨며 오늘도 강의할 수 있음에 감사 기도를 드린다.

지금은 개인교습 중인 한국무용을 전공하는 남중생을 통해 또 다른 꿈을 꾸고 있다. 내가 참 아끼는 수강생이다. 참 순수하고 말이 잘 통하는 아이이다. 나는 이 아이가 한국무용의 실력만 갖추는 것이 아니라 나에게서 뛰어난 영어 실력을 터득해 미래에는 세계 무대로 나가는 훌륭한 인재가 되기를 꿈꾸고 있다.

세상에는 나보다 더 뛰어난 강의 실력을 갖추고 있는 강사도 있을 것이다. 내가 전 세계 최고의 강사가 아닐 수도 있지만 나는 진심만은 그 누구와 견주어도 일등인 강사이다. 나는 최선을 다해 수강생들을 돕기를 원한다. 나의 전문 분야의 지식이 그들의 꿈을 이루는 발판이 되기를 간절히 바란다.

강사가 지식만 전달한다고 생각하지 말자. 강사는 수강생들의 마음을 보살펴 그들이 마음을 열고 그 지식을 받아들이게 하는 직업이다. 또 그들이 그들의 꿈을 이룰 수 있게 도와주는 직업이다. 꿈을 전하는 강사는 일개 강사가 아니라 스승이다. 그래서 나는 오늘 이 순간에도 또 다른 누군가의 스승이 되기를 꿈꾸고 있다.

선배 강사 이라미가 전하는 롱런의 비결

visualization(시각화)와 simulation(모의수업)으로 무장하라!

기본기에 제일 많은 시간을 투자하라!

여러 approach(접근법)를 준비하여 무조건 이해시켜라!

나만의 차별된 목표를 세워라!

돈만 버는 수단이 아니라 진짜 스승이 되어라!

3장

상대를 위한
진심이 강의력의
기본이다

학습법 강사: 김소연

내가 강사를 넘어
코치가 된 이유

나는 배움이 단순한 지식의 축적을 넘어 삶의 중요한 과정이라고 믿는다. 이 믿음은 중학교 시절 한 수학 선생님과의 특별한 경험에서 비롯되었다. 그 선생님은 단순히 문제를 푸는 방법만을 가르치지 않았다. 그분은 수학의 원리를 이해하고 그것을 내 삶과 연결하는 방법을 알려주셨다. 그때부터 나는 문제를 풀 때마다 왜 이 공식을 사용해야 하는지 그리고 이 공식이 다른 과목이나 문제와 어떻게 연관되는지에 대해 생각하게 되었다. 그 과정에서 나는 수학의 깊이를 이해했고 단순한 학습을 넘어선 배움의 기쁨을 느꼈다. 이 경험은 나에게 깊은 인상을 남겼고 나중에 교육을 직업으로 삼았을 때 적용할 수 있었다. 그래서 수강생들에게도 이런 의미 있는 경험을 제공하겠다는 목표를 세우게 되었다.

처음에는 과학 강사로 일을 시작했지만, 시간이 흐르면서 자연스럽게 학습법 코칭에 관심을 두게 되었다. 과학은 서로 다른 분야를 통합적으로 이해해야 하는 과목이기 때문에 많은 수강생이 어려움을 겪었다. 수강생들이 마주한 도전은 단순히 과목의 난이도 때문이 아니었다. 나는 수강생들이 물리, 화학, 생명과학, 지구과학 등 서로 다른 영역을 어떻게 연결해야 할지 몰라서 혼란스러워한다는 것을 깨달았다. 이 때문에 수강생들에게 단편적인 지식이 아닌 종합적인 사고를 돕는 방식이 필요하다는 것을 알게 되었다.

특히 내가 강조한 부분은 수강생들이 단순히 지식을 암기하는 것에 그치지 않고 그 지식을 깊이 이해하고 자신만의 언어로 설명할 수 있도록 돕는 것이었다. 나는 수업에서 과학의 기본 원리를 설명할 때 그것이 일상생활이나 다른 과목과 어떻게 연결되는지 생각해 보도록 했다. 이를 통해 수강생들은 학습 내용을 더 넓게 연결하며 자신만의 방식으로 이해할 수 있었다. 그 결과 수강생들은 학습의 즐거움을 다시 찾게 되었고 내가 학습법 코칭에 더욱 깊이 빠지게 된 계기가 되었다.

이러한 과정에서 나는 학습법에 대해 더 깊이 연구하기 시작했다. 메타인지와 뇌과학에 대한 자료를 읽고 관련 강의를 들으면서 좀 더 깊이 연구하게 되었다. 그 과정에서 스스로 설명하고 지식을 연결하는 것이 얼마나 중요한지 깨달았다. 예를 들어 수강생들에게 학습 내용을 반복해서 읽는 것보다 자신이 이해한 내용을 직접 설명하고 다른 지식과 연결해 보는 방식이 훨씬 효과적이라는 것을 알게 되었다. 이 방법을 적용하면서 수강생들은 학습 내용을 더 자신 있게 이해하고 표현할 수 있게 되었다.

수강생들에게 맞춤형 학습 전략을 제공하는 것 또한 내가 중요하게 생각하는 부분이다. 각각의 수강생은 학습하는 방식이 다르므로 그들이 자신의 강점에 맞춰 학습할 수 있도록 돕는 것이 필요하다. 시각적 자료를 통해 더 잘 학습하는 수강생이 있는가 하면, 청각적 자극을 통해 학습 효과를 극대화하는 수강생도 있다. 나는 수강생 개개인의 학습 스타일에 맞춰 학습법을 맞춤형으로 제공함으로써 그들이 자신에게 적합한 학습 전략을 찾도록 돕는다. 또한 나는 질문을 통한 참여 유도를 중요하게 여긴다. 단순히 답을 제공하는 것이 아니라 수강생들이 스스로 질문을 던지게 한다. 그리고 그 질문에 대한 답을 찾아가는 과정에서 진정한 학습이 이루어진다고 믿는다. 수강생들이 스스로 질문을 던지고 탐구하는 과정은 그들이 학습의 주체가 되는 데 큰 역할을 한다. 이 과정에서 수강생들은 스스로 문제를 해결할 뿐만 아니라 학습의 즐거움을 느끼고 자신감을 회복한다.

한 수강생이 기억에 남는다. 그 수강생은 과학 과목에서 어려움을 겪고 있었고 스스로 재능이 없다고 생각하고 있었다. 나는 그 수강생에게 단순히 문제를 푸는 법을 가르치는 대신 그 원리가 어떻게 작용하는지 그리고 다른 과목과는 어떻게 연결되는지를 설명해 주었다. 처음에는 당황스러워했지만, 점차 원리를 이해하고 자신의 언어로 표현하면서 과학에 대한 흥미를 되찾았다. 이 경험을 통해 나는 학습법 코칭이 수강생들의 학습 능력뿐 아니라 그들이 자신을 바라보는 방식에도 긍정적인 변화를 불러올 수 있다는 것을 깨달았다.

내가 수년간 교육을 통해 배운 것은 많은 수강생이 특정 과목에서 어려움을 겪는 이유가 단순히 그 과목이 어렵기 때문이 아니라는 것을 알았다. 진정한 이유는 그들이 적절한 학습 방법을 찾지 못했기 때문이라는 점이다. 물리와 화학을 별개의 과목으로만 인식하고 그들 사이의 연관성을 보지 못할 때 수강생들은 더 큰 어려움에 직면한다. 나는 수강생들이 과목 간의 연관성을 이해하고 자신이 이미 알고 있는 지식과 새롭게 배운 지식을 통합할 수 있도록 돕는 것이 중요하다고 믿는다. 이를 통해 수강생들은 단순한 암기가 아닌 사고력과 자기 주도 학습 능력을 키워나갈 수 있다. 이러한 경험을 통해 나는 학습법 코칭이 성적 향상 그 이상의 가치를 가진다는 것을 깨달았다. 수강생들이 자신만의 학습 방식을 발견하고 이를 통해 자기 주도적으로 학습하는 능력을 기르는 것이야말로 학습법 코칭의 본질이다. 수강생들이 스스로 학습의 즐거움을 찾고 자신감을 되찾는 과정을 지켜볼 때마다 나는 이 일이 얼마나 중요한지를 다시금 실감하게 된다.

내가 학습법 코칭에서 강조하는 철학은 소크라테스의 '너 자신을 알라.'는 말이다. 수강생들이 자신을 이해하고 그에 맞는 학습 전략을 세워가는 과정이야말로 진정한 배움의 시작이라고 믿는다. 이는 단순한 지식 전달을 넘어 수강생들이 자신의 삶에서 주도적인 역할을 할 수 있도록 돕는 중요한 과정이다. 앞으로도 나는 이 여정을 이어가며 수강생들이 자신의 잠재력을 최대한 발휘할 수 있도록 돕고자 한다.

2

티칭과 코칭의
차이는 뭘까?

최근 들어 자기주도 학습에 대한 관심이 그 어느 때보다 커졌다. 특히 코로나19 팬데믹을 겪으며 자기주도 학습 능력이 학습 격차를 심화시키는 주요 요인으로 지적되었기 때문이다. 하지만 사실, 자기주도 학습은 코로나 이전부터 중요한 교육 요소였다. 코로나가 그 필요성을 더욱 부각했을 뿐 수강생들이 스스로 학습을 이끌어가는 능력은 언제나 교육의 핵심 과제였다.

오랜 기간 교육 현장에서 강의를 해오면서 나는 강의만으로는 수강생들의 모든 학습 요구를 충족시키기에 한계가 있음을 절실히 느꼈다. 강의는 지식을 전달하는 데 효율적일 수 있지만 모든 학생이 동일한 방식으로 학습하고 최적의 결과를 얻을 수 있는 것은 아니었다. 각기 다른 학습 스타일과 필요를 가진 수강생들에게는 더 맞춤형 접근이 필요하다는 것을 깨닫게 되었다. 그때부터 나는 강의에 코칭을 결합하여 수강생들이 스스로 학습목표를 설정하고 그 과정에서 주도적으로 성장할 수 있도록 돕는 방식을 적용하기 시작했다.

코칭은 단순히 지식을 전달하는 강의와는 달리 수강생 스스로가 목표를 설정하고 그 목표에 도달하는 과정을 이끌어가는 능력을 길러준다. 이 과정에서 강사는 수강생들이 올바른 방향으로 나아갈 수 있도록 옆에서 지지하고 피드백을 제공하는 역할을 한다. 나는 이 코칭 방식을 통해 많은 수강생이 학습에 대한 새로운 시각을 가지게 되는 것을 보았다.

코칭의 효과를 실감했던 한 사례가 있다. 한 수강생이 수학에서 어려움을 겪고 있었다. 그는 수학 문제를 풀 때마다 개념을 제대로 이해하지 못한 채 공식을 암기하는 데 의존했고 시험에서는 그 암기한 공식들을 제대로 적용하지 못해 실수를 자주 하곤 했다. "수학은 그냥 공식 외우기라서 저는 머리가 안 따라가요."라고 하며 스스로 수학에 재능이 없다고 단정 짓고 있었다. 나는 그 수강생에게 공식을 무조건 외우는 대신 수학의 개념이 어떻게 도출되고 왜 그런 방식으로 적용되는지 함께 탐구해 보도록 유도했다. 우리는 문제를 풀기 전에 개념을 시각적으로 표현하거나 실생활에서 그 개념이 어떻게 쓰일 수 있는지를 먼저 생각해 보았다. 예를 들어 함수의 개념을 설명할 때 실생활에서 가격과 수요의 변화를 곡선으로 설명하며 그 관계를 스스로 이해할 수 있도록 도왔다.

처음에는 추상적인 개념을 이해하는 데 시간이 걸렸지만, 점차 그는 수학 문제를 단순한 기계적인 풀이가 아닌 문제의 본질을 파악하고 이해하는 방식으로 접근하게 되었다. 결국 그는 수학에 대한 흥미를 되찾고 성적도 눈에 띄게 향상되었다. "이제 수학이 공식 외우기가 아니라, 문제를 풀어가는 과정이라는 생각이 들어요. 예전보다 훨씬 재미있고 덜 무서워요."라는 그의 말을 들었을 때 코칭이 수강생에게 얼마나 큰 변화를 불러왔는지 깨달을 수 있었다.

이 경험을 통해 다시금 확신하게 되었다. 코칭은 단순히 문제 풀이를 가르치는 것이 아니라 학생이 스스로 생각하고 문제의 원리를 깨닫도록 돕는 과정이라는 것을. 수강생이 스스로 문제를 해결해 나갈 때 그들의 자신감은 높아지고 성적뿐만 아니라 학습에 대한 태도까지 변하게 된다. 이 경험을 통해 나는 코칭이 얼마나 강력한 도구인지를 실감했다. 수강생들이 학습에서 겪는 어려움은 종종 특정 과목에 대한 재능의 문제라기보다는 올바른 학습 방법을 찾지 못한 데서 비롯된다는 사실을 알게 되었다. 코칭은 수강생들이 자신에게 맞는 학습 방법을 발견하도록 돕고 그 과정을 통해 학습 능력뿐 아니라 자신을 보는 방식까지도 변화시킬 수 있는 강력한 도구였다.

코칭의 또 다른 중요한 점은 질문을 통한 학습이다. 수강생들이 스스로 질문을 던지고 그 답을 찾아가는 과정에서 학습은 더욱 깊이 이루어진다. 이 과정에서 수강생들은 단순히 외운 내용을 반복하는 것이 아니라 그 개념을 실제로 이해하고 자신의 삶에 적용할 수 있게 된다. 예를 들어, 한 수강생이 수학을 어려워했을 때 나는 그에게 수학 공식의 의미를 이해하고 다른 과목이나 실생활과 연결해 보게 했다. 그 수강생은 점차 수학을 단순한 공식 암기 과목으로 여기지 않고 실제 문제 해결의 도구로 받아들이기 시작했다.

코칭의 핵심은 수강생들이 자신을 이해하고 자신의 학습 과정을 스스로 이끌어가는 힘을 기르는 것이다. 수강생들은 자신의 강점과 약점을 파악하고 그에 맞는 학습 전략을 세우며 학습 과정에서 마주하는 감정적 어려움을 극복할 수 있도록 돕는 과정이다. 이 과정에서 수강생들은 학습의 즐거움을 되찾고 스스로 성취감을 느끼며 자기 주도적인 학습자가 된다.

자기주도 학습은 수강생들이 스스로 자신의 학습 스타일을 발견하고 자신의 필요와 목표에 맞는 학습 전략을 찾는 과정이다. 이 과정에서 수강생들은 단순히 지식을 채우는 것을 넘어 자신을 더 깊이 이해하게 되고 장기적으로 독립적인 학습자로 성장하게 된다. 코칭은 이러한 자기주도 학습을 돕는 데 중요한 역할을 한다.

강의하면서 나는 수강생들이 코칭을 통해 학습 성과를 크게 향상하는 모습을 많이 보았다. 그들은 단순히 지식을 수동적으로 받아들이는 대신 스스로 목표를 설정하고, 그 목표를 달성하기 위한 전략을 세우며 자신만의 학습 방식을 발견하게 되었다. 이는 단순히 성적 향상을 넘어 수강생들에게 더 큰 동기부여와 자신감을 안겨주었다.

하지만 여전히 많은 교육 현장에서는 강의 중심의 교육 방식이 지배적이다. 이는 강사가 지식을 일방적으로 전달하고 수강생은 그 지식을 받아들이는 수동적인 형태의 교육이다. 강의는 효율적인 지식 전달 방법일 수 있지만 학생들의 개별적인 요구를 충족시키기에는 한계가 있다. 반면, 코칭은 수강생들이 자신의 학습 과정을 주도적으로 이끌어갈 수 있도록 돕는 데 중점을 둔다. 강사들이 강의에 코칭을 결합하면 수강생들이 단순히 지식을 얻는 것 이상의 성장을 이룰 수 있다.

코칭은 수강생들의 사고력과 문제 해결 능력을 키우며 그들이 스스로 학습의 주체가 되는 데 중요한 역할을 한다. 이러한 과정을 통해 수강생들은 독립적인 학습자로 성장하고 평생 학습의 기반을 다질 수 있다. 강사로서 우리는 수강생들이 단순히 시험 점수를 올리는 것이 아니라 스스로 학습의 주인이 되어 더 나은 미래를 설계할 수 있도록 도와야 한다.

결론적으로 강의와 코칭은 상호 보완적인 관계에 있다. 강의가 수강생들에게 필요한 지식을 제공하는 중요한 수단이다. 반면에 코칭은 그 지식을 수강생들이 자신의 것으로 만들고 이를 바탕으로 더 큰 성과를 이룰 수 있게 하는 도구이다. 나는 앞으로도 수강생들의 학습을 이끌기 위해 강의와 코칭을 적절히 접목하게 된다. 그리고 그들이 자신의 잠재력을 최대한 발휘할 수 있도록 돕는 역할을 하고자 한다.

강의를 계획하는 강사들은 단순히 지식 전달에만 집중할 것이 아니라 수강생들이 스스로 학습하는 방법을 발견하고 자신감을 얻도록 돕는 코칭의 힘을 이해할 필요가 있다. 코칭을 접목한 교육은 수강생들이 더 깊은 학습을 경험할 수 있도록 돕고 그들의 성장을 촉진할 수 있다.

3

수강생의 성장을
이끌어야 진짜 강의다

강의는 지식을 전달하는 가장 기본적인 수단이지만 그것만으로는 수강생들의 다양한 학습 요구를 충족시키기엔 한계가 있다. 특히 수강생들이 각기 다른 학습 스타일과 필요를 가지고 있기 때문에 강의는 좀 더 유연한 접근 방식이 필요하다. 나는 강의를 하면서 이런 한계를 해결하기 위해 코칭을 결합한 방식을 채택했다. 수강생들이 단순히 지식을 외우는 것에 그치지 않고 스스로 학습을 주도하고 더 깊이 있는 학습 경험을 할 수 있도록 돕는 것이다. 강사로서 중요한 것은 지식을 단순히 전달하는 것 이상으로 수강생들이 자신의 학습 여정에서 주도권을 가질 수 있도록 하는 데 있다.

내 강의에서 큰 특징 중 하나는 개별화된 접근이다. 수강생들은 모두 서로 다른 학습 스타일과 강점을 가지고 있다. 이를 염두에 두고 나는 각 수강생의 필요에 맞춘 맞춤형 학습 전략을 구성한다. 단순히 정보를 전달하는 것이 아니다. 수강생들이 자신의 언어로 내용을 소화하고 자신만의 방식으로 표현할 수 있도록 돕는 것이다. 예를 들어, 나는 수강생들에게 학습한 내용을 동료 수강생에게 가르쳐 보게 하거나 스스로 다시 설명하도록 유도한다. 이 과정에서 수강생들은 개념을 단순히 외우는 것이 아니라 자신만의 방식으로 해석하고 정리하게 된다. 그 결과 학습에 대한 이해도가 깊어지고 자신감을 얻게 된다. 이런 방식은 단순한 지식 전달을 넘어서 수강생들이 능동적으로 참여하며 학습의 주체가 될 수 있게 한다.

내가 자주 사용하는 또 하나의 방법은 질문을 통해 수강생들의 참여를 유도하는 것이다. 강의 중에 질문을 던지면 수강생들은 수동적으로 듣는 것에서 벗어나 스스로 사고하고 논리적으로 답을 찾게 된다. 이 과정은 수강생들에게 단순한 기억 이상의 깊은 학습을 제공하며 문제 해결 능력과 비판적 사고력을 기르는 데에도 효과적이다. 수강생들이 질문에 답하면서 스스로 더 깊이 생각하고 자신의 사고 과정을 정리할 수 있다면 이는 그들의 학습을 더욱 강력하게 만드는 중요한 도구가 된다.

강의하다 보면 수강생들이 겪는 감정적인 어려움을 마주하는 경우도 자주 발생한다. 이때 나는 코칭을 활용해 수강생들이 겪는 학습의 장벽을 넘도록 돕는다. 강의는 지식 전달의 도구지만 때로는 수강생들이 학습 과정에서 불안이나 스트레스를 느낄 때 이를 해결해 줄 수 있어야 한다. 코칭은 바로 이러한 상황에서 유용하다. 수강생들이 편안하게 질문할 수 있는 분위기를 조성하기도 한다. 그리고 강의 중간에 잠깐의 휴식 시간을 제공하거나 분위기를 전환할 수 있는 활동을 통해 수강생들이 다시 집중할 수 있도록 돕는다. 이런 감정적 지원은 학생들이 학습에 몰입할 수 있는 환경을 만들어 주며 그들이 학습에 대한 성취감을 느낄 수 있게 한다.

강사로서, Education Personal Coach로서 나는 이 과정을 통해 단순히 강의를 잘하는 것 이상의 역할을 하고 있다고 느낀다. 수강생들이 스스로 성장할 수 있도록 돕고 그들이 학습의 주체가 될 수 있도록 돕는다. 그리고 자신만의 길을 찾아갈 수 있도록 지원하는 것이 내 역할의 핵심이다. 이를 실현하기 위해 나는 항상 강의와 코칭의 조화를 추구한다.

또한, 중요한 것은 지속적인 피드백 제공이다. 나는 수강생들에게 구체적이고 개별적인 피드백을 제공함으로써 그들이 학습 과정에서 어떤 부분에서 어려움을 겪고 있는지를 파악하고 개선할 수 있도록 돕는다. 수강생들이 자신의 성장을 체감하게 하고 그 과정에서 학습의 즐거움을 느낄 수 있도록 돕는 것이 내 목표다. 피드백을 통해 수강생들은 자신이 어느 부분에서 발전하고 있는지를 알게 되고 학습에 대한 동기부여도 얻을 수 있다.

결국, 강의와 코칭의 결합은 수강생들의 학습을 보다 깊고 효과적으로 만들어준다. 강사로서 해야 할 역할은 지식을 전달하는 데에만 그치지 않는다. 나는 수강생들이 자신만의 학습 방법을 찾고 학습 중에 겪는 감정적인 장애물을 극복할 수 있도록 도와줄 수 있다. 그리고 그들이 주체적으로 성장할 수 있도록 지원하는 것을 목표로 하고 있다. 강의는 그 과정에서 중요한 도구지만 그 도구를 더 효과적으로 사용하기 위해 코칭을 활용하는 것이다.

　이렇게 강의와 코칭을 조화롭게 활용하면서 수강생들의 학습 여정에 동행할 때 그들이 단순히 지식을 쌓는 것을 넘어 삶을 배우고 성장하는 모습을 볼 수 있다. 이는 내가 강사로서 느끼는 가장 큰 보람이며 앞으로도 내가 지속적으로 나아가야 할 방향이다.

4

소통과 신뢰는
수강생을 이끄는 힘

강의를 처음 시작했을 때, 나는 단순한 암기 위주의 교육이 아닌 수강생들이 스스로 학습할 수 있는 능력을 기르는 것이 중요하다고 생각했다. 그저 지식을 전달하는 것보다 수강생들이 자신의 학습 방법을 찾고 그 과정에서 주체적으로 성장하는 것이 진정한 배움이라고 믿었다. 그러나 다양한 수강생들과 학부모를 만나며 단순한 지식 전달만으로는 그들의 학습 요구를 충족시키지 못한다는 것을 깨닫게 되었다. 특히, 수강생들이 처한 상황과 학습 스타일이 모두 다르므로 이들의 마음을 이해하고 진정으로 소통하는 것이 무엇보다 중요하다는 사실을 절실히 느꼈다.

대치동에서 강의하면서 이러한 깨달음은 더욱 뚜렷해졌다. 이곳에서 만난 수강생들은 모두 다른 기대와 열망을 두고 있었고 그들의 학습 동기는 매우 다양했다. 나는 강의를 통해 그들에게 필요한 지식을 전달하는 것뿐만 아니라 그들의 개별적인 필요를 이해하고 그에 맞춘 학습법을 제시해야 한다는 것을 알게 되었다. 특히, 수강생들과의 소통이 학습에서 얼마나 중요한 역할을 하는지 깨닫게 되었다.

내가 중요하게 생각하는 것은 수강생들이 스스로 학습하는 힘을 기르는 것이다. 이는 수강생들이 평생 학습자로서 성장하는 데 필요한 기반을 마련해준다. 강사로서, Education Personal Coach로서 나는 이 능력을 키워주는 것이 매우 중요하다고 느끼고 있다. 그래서 수강생들이 학습 목표를 스스로 설정하고 그 목표를 달성하기 위해 노력하는 과정을 지켜보고 지원하는 데 중점을 둔다. 수강생들과의 소통은 이러한 과정에서 중요한 열쇠가 된다. 단순히 정보를 전달하고 문제를 푸는 법을 가르치는 것을 넘어서 그들의 감정과 생각을 깊이 이해하고 존중하는 것이 필수적이다. 수강생들이 자신의 고민과 어려움을 자유롭게 표현할 수 있는 환경을 조성하는 것은 그들의 학습 동기를 크게 향상하는 중요한 방법이다. 그 결과, 수강생들은 자신을 더 잘 이해하고 자신의 학습 여정을 이끌어갈 수 있게 된다.

코칭에서는 학부모와의 소통 또한 매우 중요하다. 학부모들은 자녀의 학습 환경을 조성하는 데 중요한 역할을 하며 그들의 지원과 격려가 수강생들에게 미치는 영향력은 생각보다 크다. 나는 학부모들과도 긴밀하게 협력하며 수강생들이 가정에서조차 학습에 몰입할 수 있는 최적의 환경을 만들기 위해 노력하고 있다.

나는 학습 과정에서 실패를 받아들이고 이를 성장의 기회로 삼는 것이 얼마나 중요한지를 강조한다. 수강생들이 실패를 두려워하지 않고 그 경험을 통해 새로운 시도를 하라고 늘 이야기한다. 수강생들이 성장하는 것을 지켜보는 것은 교육자로서 가장 큰 보람 중 하나다. 자기주도 학습 환경에서는 실패가 오히려 더 큰 배움의 기회가 될 수 있다. 내가 강조하는 것은 실패를 회피하는 것이 아니라 그 속에서 자신의 한계를 깨닫고 극복할 방법을 찾는 것이다. 이러한 학습 환경은 수강생들이 자신감을 가지고 학습에 임하게 해준다.

결국, 수강생들과의 소통을 통해 그들이 스스로 학습할 수 있는 능력을 키우는 것이 강사의 중요한 역할이라고 생각한다. 나는 단순히 지식을 전달하는 것을 넘어서 수강생들의 마음을 이해하고 그들과 진정으로 소통하는 데 중점을 둔다. 이 과정에서 수강생들은 자신만의 학습 방법을 찾고 이를 통해 지속적인 성장을 이루게 된다.

수강생들과의 소통에서 시작된 진정한 자기주도 학습은 내가 교육 코칭 전문가로서 성장하는 데 중요한 밑거름이 되었다. 앞으로도 이 철학을 바탕으로 수강생들의 학습을 도우며 그들이 평생 학습자로서 자신의 길을 걸어갈 수 있도록 돕고자 한다. 수강생들에게 단순히 지식만을 전달하려고 하지 말아야 한다. 그들의 마음을 이해하고 그들과 진정으로 소통하는 것을 목표로 삼아야 한다. 수강생들이 자신의 감정과 생각을 자유롭게 나눌 수 있을 때 그들은 진정한 동기를 발견하고 학습에 더 깊이 몰입하게 될 것이다.

강사, 특히 교육 코칭 전문가는 단순히 지식의 전달자가 아니다. 우리는 수강생들의 학습 여정에서 그들의 마음에 씨앗을 심고 그것이 성장하는 과정을 지켜보는 역할을 한다. 때로는 격려하고 때로는 그들의 성장을 인내하며 기다리는 농부와도 같다. 수강생들이 학습 과정에서 겪는 모든 어려움은 그들이 성장하는 데 밑거름이 될 것이다. 나는 그들이 스스로 그 길을 걸어가도록 돕는 역할을 맡고 있다.

강사로서, 교육 코칭 전문가로서, 수강생들이 자기 주도적으로 학습할 수 있는 능력을 길러주는 데 집중하고 있다. 이를 통해 수강생들은 자신만의 학습 방법을 발견하고 그 과정을 통해 더욱 깊은 성장을 이룰 수 있을 것이다. 이는 단순한 정보 전달을 넘어 수강생들이 스스로 학습을 주도하고 평생 학습자로 성장할 수 있도록 돕는 중요한 역할이다.

수강생들에게 단순히 지식을 전달하는 것에 그치지 말고 그들의 마음을 이해하고 진정으로 소통하는 것을 목표로 하는 것이 중요하다. 수강생 개개인의 특성을 존중하고 그들에게 맞춤형 학습법을 제공한다면 그들은 자신만의 학습 방법을 찾아가는 즐거움과 성취를 느끼게 될 것이다. 그리고 그것이 진정한 배움이 아닐지 생각한다.

5

수강생의 스토리를 이해하는 것이
코칭의 첫걸음

나는 강의를 시작할 때마다 마치 새로운 이야기를 펼쳐나가는 듯한 느낌을 받는다. 강의실에 들어설 때마다 그곳에서 새로운 배움의 장이 열리고 그 배움의 주인공은 바로 수강생들이다. 각기 다른 배경과 경험을 가진 수강생들은 그들의 이야기를 통해 강의의 방향을 자연스럽게 결정짓는다. 그래서 나는 단순히 지식을 전달하는 데 그치지 않고 수강생들의 이야기를 깊이 이해함으로써 그들의 잠재력을 발견하게 된다. 또한 그 가능성을 현실로 만드는 여정을 함께한다.

강의는 지식을 전달하고 수강생들이 특정 주제나 개념을 이해할 수 있도록 돕는 중요한 과정이라고 생각한다. 내가 강의에서 주로 하는 일은 지식을 체계적으로 정리하여 전달하고 수강생들은 이를 통해 기초적인 개념을 습득하게 된다. 그러나 강의만으로는 수강생 개개인의 다양한 학습 필요를 완전히 충족시키기 어려울 때가 많다. 강의는 여러 수강생을 대상으로 하므로, 개별 학습 속도나 스타일을 세밀하게 반영하기 어렵다는 점을 항상 인지하고 있다.

이러한 한계를 보완하기 위해 나는 코칭이 매우 중요한 역할을 한다고 생각한다. 코칭은 수강생들이 스스로 답을 찾고 자신만의 학습 방법과 목표를 설정할 수 있도록 돕는 과정이다. 나는 주로 수강생 개개인의 필요와 상황에 맞춘 맞춤형 지도를 통해 학생들이 학습의 주도권을 잡을 수 있도록 지원한다. 이 과정을 통해 수강생들은 단순히 지식을 습득하는 것을 넘어 스스로 문제를 해결하는 능력을 기르고 자기 주도적인 학습 태도를 개발하게 된다.

코칭의 가장 큰 장점은 수강생 개개인의 이야기에 집중할 수 있다는 것이다. 내가 코칭에서 가장 중요하게 여기는 것은 바로 수강생 한 명 한 명의 이야기에 귀를 기울이는 것이다. 수강생들이 어떤 환경에서 성장했고 어떤 경험을 해왔으며 그들이 공부하는 이유가 무엇인지를 깊이 이해해야 한다. 이러한 이해 없이 단순히 지식을 전달한다면 수강생과의 신뢰를 쌓기가 어려워질 수 있다. 그래서 나는 코칭을 통해 수강생들의 이야기를 듣고 그들의 강점과 약점을 파악하여 그들이 학습에서 성공할 방법을 함께 모색하는 것을 중요하게 여긴다.

우리는 흔히 '공부해야 한다.'라는 것에만 집중하는 경향이 있지만 나는 그보다 먼저 해야 할 일이 수강생들의 마음을 여는 것이다. 수강생들의 마음을 열기 위해서는 그들의 이야기에 귀 기울이는 것이 무엇보다 중요하다. 수강생이 어떤 환경에서 자라왔는지, 어떤 일들을 겪었는지 그리고 그들이 어떤 감정과 생각을 하고 있는지 이해하는 것이 필수적이다. 이러한 이해 없이 단순히 지식을 전달하는 것은 결국 일방적인 가르침에 그치고 수강생들이 자신의 학습 여정을 주도적으로 이끌어가는 데 한계를 느끼게 할 수 있다.

코칭의 또 다른 장점은 수강생들이 스스로 학습의 주체가 되도록 돕는다는 점이다. 강의는 지식 전달에 유리하지만, 수강생들이 능동적으로 학습에 참여하고 스스로 문제를 해결하는 능력을 기르기에는 한계가 있다. 코칭을 통해 나는 수강생들이 자신의 학습 과정을 스스로 조절하고 목표를 설정하도록 한다. 그리고 그 목표를 달성하기 위한 계획을 세우도록 지도한다. 이는 단순히 지식을 습득하는 것을 넘어 수강생들이 자기 주도적인 학습자로 성장할 수 있도록 돕는 과정이다.

물론, 코칭에도 단점이 있다. 코칭은 시간과 노력이 많이 소요된다. 한 명의 수강생에게 맞춤형 지도를 제공하기 위해서는 깊은 이해와 많은 시간이 필요하다. 그래서 이를 모든 수강생에게 적용하기란 현실적으로 어려울 수 있다. 또한 수강생마다 다른 접근 방식이 필요하므로 강사로서 더 많은 준비와 연구가 요구된다. 그런데도 나는 이 과정을 통해 얻는 보람이 크다고 느낀다.

강의와 코칭을 병행하는 이유는 바로 수강생들을 더 깊이 이해하고 그들의 학습 여정을 함께하는 데 가장 효과적이기 때문이다. 강의에서 제공되는 지식은 수강생들이 학문적인 기초를 다지는 데 필수적이다. 그렇지만 코칭을 통해서 그 지식을 실제로 어떻게 활용하고 발전시킬지를 배우게 된다. 나는 강의에서 수강생들에게 기초를 제공하고 코칭을 통해 그 기초를 바탕으로 수강생들이 자신만의 학습 전략을 개발하고 문제를 해결해 나갈 수 있도록 돕는다.

첫 만남에서 수강생들의 이야기를 듣는 것은 특히 중요하다. 우선 수강생들이 자신을 자유롭게 표현할 수 있는 환경을 조성한다. 그리고 그들의 관심사와 학습 스타일을 탐구하는 것이 필요하다는 것을, 경험을 통해 배웠다. 이를 통해 수강생들은 자신의 감정과 생각을 정리하며 스스로 학습의 방향을 설정하고 주도적으로 배움을 이끌어갈 수 있게 된다.

결국, 강의와 코칭을 병행하는 것이야말로 수강생들을 더 깊이 이해하고 그들의 학습 여정에 효과적으로 함께 할 수 있는 방법이라고 믿는다. 나는 강의도 중요하지만, 코칭을 통해 수강생을 더 깊이 이해하고 그들의 학습을 도울 수 있다는 점에서 내 직업적 사명감을 느낀다. 수강생들이 성장하는 모습을 지켜보는 것은 나에게 큰 보람을 준다. 내가 강사로서, 그리고 코치로서 이 일을 지속하는 이유이기도 하다. 초보 강사나 예비 강사에게도 이 과정을 통해 수강생들과 더 깊은 관계를 형성하고 그들의 학습 여정을 함께하는 기쁨을 느끼게 되기를 바란다.

　나는 이 글을 통해 강의와 코칭의 조화로 수강생들의 잠재력을 발견하기 바란다. 또한 수강생들이 성장할 수 있도록 돕는 강사의 역할을 더욱 깊이 이해하게 되기를 희망한다. 강의와 코칭은 서로 보완적인 관계라는 것, 그리고 그들이 그 지식을 바탕으로 스스로 성장할 수 있도록 돕는 것이야말로 진정한 교육의 핵심이라고 믿는다.

6

내가 강의를 계속
이어갈 수 있는 이유

 강의를 시작한 지 꽤 오랜 시간이 흘렀다. 처음 강사로서의 길에 들어섰을 때는 솔직히 많은 두려움과 고민이 있었다. '내가 잘할 수 있을까? 내가 수강생들에게 충분히 도움이 될까?'라는 질문이 머릿속을 맴돌았다. 하지만 시간이 흐르고 강의와 코칭을 거듭하면서 조금씩 경험이 쌓이게 되었다. 시간이 지나면서 수강생들과의 교감도 점점 깊어졌다. 나는 이 일을 왜 계속할 수 있는지 그리고 왜 계속해야 하는지를 명확히 알게 되었다. 그것은 단순히 지식을 전달하는 것을 넘어서 수강생들과 함께 성장하고 그들의 인생에 중요한 가교 구실을 한다는 것에서 오는 깊은 보람 때문이었다.

 처음 강의를 듣는 수강생들은 대부분 불안감과 자신감 부족에 시달린다. 그럴 때 수강생들에게 맞는 학습법을 코칭해 주는 것이 중요하다. 내가 이 일을 계속할 수 있는 이유 중 하나는 바로 이 '학습법 코칭'에 있다. 단순히 정보를 전달하는 것만으로는 수강생들이 성장할 수 없다. 그들이 자신의 학습 스타일을 찾아가고 스스로 주도적으로 학습할 수 있도록 돕는 것이 내 역할이라고 생각한다.

예전에 만났던 한 수강생이 떠오른다. 그는 공부 방법을 몰라 늘 좌절감에 빠져 있었고 학업에 대한 자신감도 많이 잃은 상태였다. 나는 그에게 맞는 학습 방법을 찾아갈 수 있도록 도와주었다. 처음에는 본인도 자신의 변화에 대해 크게 기대하지 않았지만 조금씩 스스로 계획을 세우고 실천해 나가면서 그는 점점 자신감을 되찾았다. 어느 날 그가 "이제 공부가 재미있어요."라고 말했을 때 나는 그 순간이 얼마나 소중한지 깨달았다.

강의와 코칭을 통해 수강생들에게 신뢰할 만한 어른이 되어 준다는 사실 또한 나에게 큰 의미가 있다. 단순히 학습법을 가르치는 것이 아니라 수강생들이 자신의 삶에서 자신감을 찾고 더 큰 도전을 직면할 수 있도록 돕는 역할을 한다는 것이 중요하다. 그들이 내게서 느끼는 신뢰는 단순한 학업을 넘어 삶의 전반에 걸친 성장을 돕는 기초가 된다.

한 수강생이 학업 스트레스와 가정 문제로 힘든 시기를 보내고 있을 때 처음에는 학습법을 구하러 왔었다. 그러나 결국 그는 내게 자신의 문제를 터놓고 이야기했다. 그가 필요로 했던 것은 학습법 이상의 신뢰와 대화였다. 내가 그의 삶에서 중요한 조언자가 되어주니 그는 점점 자신감을 회복해 나갔다. "선생님 덕분에 어른을 신뢰할 수 있을 것 같아요."라는 말을 들었을 때 나는 가슴 깊이 크게 감동했다. 내가 단순히 지식을 전달하는 사람을 넘어 수강생들에게 중요한 어른으로 자리 잡았다는 것은 나에게 매우 큰 보람이었다.

    강사라면 처음에는 '과연 수강생들이 나를 신뢰할까? 내가 그들에게 충분히 도움이 될까?'라는 고민이 들 수 있다. 나 역시 그랬다. 하지만 수강생들에게 진심으로 다가가면 그들은 서서히 마음을 열고 강사를 신뢰하기 시작한다. 중요한 것은 완벽한 강의나 지식의 전달이 아니다. 수강생들에게 진정성을 보이고 그들과 함께하려는 마음을 가지고 기다려 주는 것이 핵심이다. 수강생들이 우리에게서 어른다운 어른의 모습을 발견할 때 그들은 학습이라는 과정에서 더 큰 신뢰를 얻게 된다. 그리고 자신의 능력을 믿게 된다. 이것이 그들의 성장에 중요한 요소다. 그리고 이러한 신뢰는 단순히 학업에만 국한되지 않는다. 그것은 아이들이 삶 속에서 마주하게 될 수많은 어려움을 극복하는 힘으로 작용한다. 강사는 지식 전달자일 뿐만 아니라 수강생들이 본받을 수 있는 어른의 역할을 해야 한다. 어른다운 모습을 보여주는 것은 그들이 자신을 어떻게 바라보고, 자신을 어떻게 스스로 다독여 나가는가에까지 큰 영향을 미친다. 학생들은 강사에게서 배우는 학습법뿐만 아니라 강사의 태도와 책임감을 통해 삶의 방향을 설정할 힘을 얻게 된다. 강사의 가르침이란 단순히 성적 향상에 그치지 않고 수강생들이 자신을 스스로 신뢰하고 더 큰 도전에 맞설 힘을 키워주는 과정이다. 이러한 신뢰를 기반으로 한 교육이야말로 내가 강사로서 지속적으로 몰입할 수 있는 이유이다.

　강의와 코칭을 병행하면서 내가 깨달은 또 하나의 사실은 나 자신도 수강생들과 함께 성장한다는 것이다. 강의를 준비할 때마다 나는 새로운 것을 배우고 더 나은 방법을 찾기 위해 끊임없이 고민한다. 수강생들이 어떤 부분에서 어려움을 겪는지를 이해하려고 노력한다. 그들의 입장에서 문제를 바라보면서 나 자신도 더욱 깊이 있는 이해를 하게 된다. 이런 과정을 통해 나는 더 성숙한 강사로 성장하고 있다. 초보 강사라면 처음에는 자신의 부족함을 크게 느낄 수 있다. 하지만 그 부족함을 메워가는 과정에서 우리는 더욱 단단해지고 강사로서도 성장해 나간다. 강의는 단순히 가르치는 것이 아닌 끊임없이 배우고 나아가는 과정이다.

　또한, 나는 수강생들과의 관계에서 오는 소통의 중요성도 절실히 느낀다. 강의는 일방적인 지식 전달이 아니라 수강생들과의 소통을 통해 서로 이해하고 성장해 나가는 과정이다. 수강생들이 가진 생각을 듣고 그들이 어떤 부분에서 어려움을 느끼는지 이해하려고 노력하다 보면 자연스럽게 그들과 더 깊이 연결되게 된다. 이런 소통의 과정은 강의를 더욱 풍부하게 만들고 수강생들에게도 훨씬 더 의미 있는 배움의 기회를 제공한다. 초보 강사로서도 이 부분을 반드시 기억해야 한다. 때로는 가르치기보다는 수강생들의 이야기를 들어주고 그들의 감정과 생각을 이해하는 것이 더 큰 가르침이 될 수 있다.

마지막으로, 강사로서의 사명감이 내가 이 일을 계속할 수 있게 하는 가장 큰 원동력이라고 생각한다. Education Personal Coach이자 Mind Mentor로서 나는 단순히 지식을 전달하는 것 이상의 책임을 느낀다. 수강생들이 더 나은 학습자가 될 수 있도록 돕고 그들이 세상을 살아가는 데 필요한 자신감과 지혜를 심어주는 일은 매우 중요한 일이다. 내가 가진 경험과 지식을 통해 수강생들이 더 나은 미래를 만들어갈 수 있다는 사실은 나에게 매우 큰 자부심을 준다. 이 자부심은 내가 강의를 계속 이어갈 수 있는 이유이기도 하다.

앞으로도 나는 이 길을 계속 걸어갈 것이다. 수강생들과 함께 성장하며 그들의 성장을 지켜보는 일은 나에게 큰 동기부여가 된다. 수강생들이 나를 통해 자신을 신뢰하고 학습의 즐거움을 발견하게 된다. 그 과정의 어려움 속에서도 스스로 해결해 나갈 힘을 얻는다면 그보다 더 보람된 일은 없을 것이다. 강의는 단순한 교육이 아닌 수강생들의 삶에 변화를 이끄는 중요한 과정이다. 나의 진심이 수강생들에게 깊은 울림을 주고 그 울림이 그들이 삶 속에서 더 큰 도전을 마주할 힘이 되기를 바란다. 이 진심이야말로 내가 강사로서 이 길을 지속할 수 있는 가장 큰 이유이다.

언제나 진심은 수강생들의 성장에 큰 울림을 줄 것이며 그 울림은 결국 그들이 자신을 신뢰하고 나아가게 하는 힘이 될 것이다. 그런 어른다운 어른으로서 학생들과 함께 성장해 나가길 바란다.

7

나는 진심을 담은
교육 퍼스널 코치로 남고 싶다

나는 강단에 서는 것이 단순히 지식을 전달하는 것 이상의 의미를 지닌다고 생각한다. 'Education Personal Coach(교육 퍼스널 코치)'라고 부르는 것이 더 적합할 것 같다. Education Personal Coach라는 역할은 수강생들에게 지식을 가르치는 것을 넘어서 그들의 삶에 긍정적인 영향을 미치는 중요한 책임을 수반한다고 믿는다. 코치로서의 여정은 수강생들과 함께 성장하고 그들의 잠재력을 발휘할 수 있도록 돕는 과정이라고 생각한다. 마지막으로 이 글을 통해 나의 비전을 공유하며 강사를 준비하는 분들에게 작은 영감을 주고자 한다.

강사로서의 길을 걸어오면서 나는 여러 번 스스로에게 질문을 던졌다. "나는 앞으로 어떤 코치로 남고 싶은가?" 이 질문에 대한 답은 언제나 같았다. 나는 수강생들에게 진심을 전할 수 있는 강사로 남고 싶다. 단순히 지식을 전달하는 것에 그치지 않고 수강생들의 마음을 이해하며 그들에게 진정으로 다가가는 멘토가 되고 싶다.

처음 강사로서의 길을 시작했을 때나 역시 많은 두려움과 고민이 있었다. 수강생들에게 도움이 될 수 있을지 내 수업이 그들에게 얼마나 의미 있을지 확신할 수 없었다. 하지만 시간이 지나면서 깨달은 것은 수강생들이 단순히 지식을 얻기 위해 교실에 앉아 있는 것이 아니라는 점이다. 그들은 각자 자신만의 꿈과 목표를 가지고 있고 그 과정에서 겪는 불안과 어려움을 안고 있었다. 이러한 수강생들에게 진심으로 다가가 그들의 이야기를 듣는 것이 진정한 Education Personal Coach의 역할임을 깨닫게 되었다.

내가 되고 싶은 코치는 수강생들에게 지식을 단순히 전달하는 것을 넘어서 그들이 자신의 가능성을 발견하는 것, 그 가능성을 현실로 구현할 수 있도록 돕는 사람이다. 청소년 대상의 수업에서는 그 역할이 더욱 중요하다. 나는 수강생들이 수업 내용을 이해하는 데 그치지 않기를 바란다. 그 지식을 바탕으로 새로운 아이디어를 창출하며 자신의 꿈을 실현할 수 있도록 돕고 싶다. 이를 위해 나는 수강생들이 자기 주도적으로 학습할 수 있는 환경을 제공하는 것을 중요하게 생각한다.

자기주도 학습이란, 수강생들이 스스로 목표를 설정하고 계획을 세우며 그 목표를 이루기 위해 책임감을 가지고 나아가는 학습 방식이다.

나는 Mind Mentor(마인드 멘토)로서 수강생들이 이러한 자기주도 학습을 경험할 기회를 제공하고 싶다. 구체적으로는 수강생들과 함께 학습 목표와 계획을 세우고 각자의 학습 스타일을 분석하여 그에 맞는 학습 방법을 찾아주는 역할을 한다. 예를 들어 수강생들이 자신만의 학습 루틴을 개발하도록 돕는다. 그리고 주기적으로 피드백을 제공하여 그들이 학습 목표를 꾸준히 달성할 수 있도록 지원한다. 또한, 수업 외 시간에도 학습을 이어갈 수 있도록 동기를 유발하고 그 과정에서 어려움이 생길 때 포기하지 않도록 격려하는 것이 중요하다.

나는 강의를 통해 수강생들이 자기 생각을 자유롭게 표현할 수 있게 노력한다. 그리고 다양한 관점을 통해 문제를 해결할 수 있도록 격려하는 것을 중요하게 여긴다. 이 과정에서 수강생들은 스스로 질문하고 탐구하며 답을 찾는 힘을 얻게 된다. 또한 학습 과정에서 좌절하지 않고 도전과 실패를 통해 성장할 수 있는 환경을 제공하는 것이 코치로서의 중요한 역할이라고 생각한다.

그래서 수강생들과의 관계에서 진정성이 가장 중요하다. 진정성 있는 관계를 바탕으로 수강생들이 신뢰할 수 있는 동반자가 되고 싶다. 강사로서 처음 수강생들과 마주했을 때 그들이 느끼는 두려움과 불안함을 이해하려고 노력했다. 그들의 고민을 듣고 필요한 지식을 전달하는 것을 넘어서 함께 해결책을 찾아가는 과정을 통해 신뢰를 쌓아가고자 했다.

Mind Mentor의 진심은 수강생들에게 큰 변화를 불러올 수 있다. 예전에 만난 한 수강생은 학습에 대한 자신감이 부족해 질문조차 어려워했다. 나는 그 수강생에게 작은 성취에도 긍정적인 피드백을 주며 자신감을 심어주려 노력했다. 시간이 지나면서 그 수강생은 스스로 질문하고 학습에 대한 열정을 갖게 되었다. 이를 통해 나 또한 진심이 얼마나 중요한지 깨닫게 되었다. 이렇듯 수강생들과의 진정성 있는 소통과 신뢰는 그들이 학습 과정에서 더 큰 성취를 이루게 하는 원동력이 된다. Education Personal Coach로서 나는 수강생들과의 작은 대화와 그들의 고민에 귀 기울이는 작은 행동들이 신뢰를 쌓는다. 더 나아가 그들의 성장에 중요한 역할을 하게 되는 것이다.

코치로서의 길은 절대 쉽지 않다. 하지만 이 길을 통해 나는 수강생들과 함께 성장하며 그들의 잠재력을 끌어내는 과정에서 큰 보람을 느낀다. 수강생들이 자기 주도적으로 학습할 수 있도록 돕는 이 과정은 나에게 매우 의미 있는 일이다. 나는 여러분도 진심으로 수강생들과 함께할 수 있는 강사가 될 수 있다고 믿는다. 수강생들과 함께라면 그들의 성장과 성공에 중요한 역할을 할 수 있을 것이다.

마지막으로 강사나 코치로서 일하려면 변화하는 교육 환경 속에서 지속적인 자기 계발과 혁신을 추구해야 한다고 믿는다. 수강생들의 학습 방식과 요구가 변화함에 따라 나 역시 새로운 학습 방법을 연구하고 더 나은 교육을 제공하기 위해 끊임없이 노력하고 있다. 진정한 Education Personal Coach로서 끊임없이 배우고 성장하는 자세를 유지해야 한다고 생각한다. 배움에는 끝이 없다는 사실을 인정하고 자신의 비전을 현실로 만들어 나가기를 바란다.

나는 앞으로도 수강생들의 꿈을 실현하는 과정을 도울 것이다. 늘 그들의 여정에 함께하며 진심으로 다가가는 Mind Mentor로 남고 싶다. 그리고 나만의 비전과 열정을 가지고 수강생들과 함께 성장하는 Education Personal Coach가 되기를 소망한다.

선배 강사 김소연이 전하는 롱런의 비결

"진심을 담아, 함께 성장하라."

지식만 전달하지 말고 학생들이 자신을 믿고 꿈을 키울 수 있도록 돕는 동반자가 되어라. 진정성 있는 소통과 맞춤형 코칭으로 학생들과 함께 성장하는 길을 걸어가라.

4장

'나다움'이 벤치마킹을 이긴다

일본어 강사: 이주랑

결국은
누적이 힘이다

강의를 오래 하다 보면 즐거움보다는 의무감과 습관적으로 하기 쉽다. 조심할 점은 강사가 의욕이 없고 습관적인 강의를 하다 보면 수강생들은 쉽게 알아차린다는 점이다. 나는 20년 차 일본어 강사다. 이렇게 오래 할 수 있었던 비결은 스스로 습관처럼 강의하지 않으려고 부단히 노력하기 때문이다.

어릴 때부터 나는 꿈 많은 소녀였다. 리포터가 되고 싶어 부모님 몰래 연예인 오디션을 많이 보러 다녔다. 지갑이 얇았던 내가 카메라 테스트 연습을 하기 위해 선택한 최선의 방법이었다. 오디션을 보러 갈 때마다 키 크고 예쁘게 생긴 또래의 젊은 친구들이 나의 자신감을 많이 떨어뜨렸다. 그래도 꾸준히 포기하지 않고 도전하고 연습했다. 생각과 다르게 이 길은 멀고도 외롭고 험했다.

리포터라는 꿈을 접고 내가 도전한 것은 일본어였다. 일본 드라마와 애니메이션, 음악, 일본어 성경에 관심이 많았었다. 일본어는 투자한 시간, 비용만큼 결과물이 바로 나와 성취감과 자존감을 올려주었다. 점점 더 관심이 생기면서 적극적으로 한국에 거주하는 일본인 유학생들을 나의 친구로 만들기 위해 방법을 찾기 시작했다. 서울에 있는 대학들의 경우는 어학당이 따로 있어 나는 어학당 게시판에 언어 교환 친구 구하기 등 적극적으로 일본인 친구 만들기에 노력했다. 생각보다 반응이 좋았고 일본인 친구들을 사귀게 되면서 그들의 지인들까지 소개받게 되었고 친구의 폭도 넓어졌다. 호기심이 많았던 나는 다양한 모임 등을 만들어갔다. 한국요리 만들기, 한국인 친구 사귀기 등 다양한 프로그램을 만들어서 일본인 친구들이 한국에서 생활하는데 즐겁고 유익할 수 있는 모임을 만들면서 경험의 폭도 넓혀갔다. 일본인으로 구성되어 있던 모임에 기회가 돼서 꾸준히 참석하기도 했다. 그 모임은 일본인 교수님, EBS 원어민 강사님들도 참석하였던 모임이었다. 그 모임을 통해 인연이 되었던 원어민 교수님, 강사님들께 일본어 발음도 교정받고 다양한 주제로 토론하는 훈련을 통해 나의 어학 실력은 빠르게 성장했다. 취미로 시작한 일본어지만, 독학으로 공부해서 자격증을 취득했다.

당시 한류 붐이 한창이었던 시절이라 가이드 일도 시작했다. 수학여행단 가이드부터 테마여행 가이드, 기업체 회장님들 비즈니스 가이드까지 많은 경험을 쌓아갔다. 일을 할수록 내가 선택한 일들이 나와 잘 맞는다고 생각했다. 한 가지 일만 하면 지루할 수 있지만, 일본어 실력이 쌓여가면서 선택의 폭이 점차 넓어졌다. 일본어를 통해 다양한 직업을 가진 분들을 만나면서 내 사고의 틀도 점차 확장되었다.

강의는 이력서를 직접 들고 여러 어학원을 적극적으로 방문하며 하기 시작했다. 거절도 많이 당했지만, 이런 모습을 긍정적으로 바라봐 주시는 곳에서 연락이 왔다. 그렇게 어학원 강의를 시작했다. 기업체 강의도 국내 일본 기업을 사전 조사해서 직접 방문하여 수업할 기회를 찾아내기도 했다. 성과가 좋으면 소개로 이어졌고, 기업체 비즈니스 통역으로 일이 연결되면서 자연스럽게 일본어 강사라는 본업을 얻게 되었다. 무엇 하나 쉬운 것은 없었다. 원래 내성적인 성격인데, 일본어 강의를 본업으로 하기 위해 스스로 영업하고 거절에도 담담하게 받아들이는 연습을 해야 했다.

리포터를 준비하면서 훈련해 왔던 카메라 테스트가 강의 일을 하는 데 많은 도움이 되었다. 이런 누적들이 쌓이고 쌓여서 20년 차 강사가 되었다. 초기 강사 시절 연습 준비는 가족, 친구, 지인들이었다. 내 방에 동영상 촬영 장치를 해두고 영상을 연습해 보면서 어색한 부분이나 표현력이 미흡한 부분들을 수정, 보완하는 연습을 했다. 표정이 너무 진지하지는 않은지, 중간에 지루하지 않게 가벼운 대화들도 잘 이끌어냈는지, 강의가 끝나고 수강생들이 본인이 무엇을 배웠는지, 확실히 인지했는지 질문하기도 했다. 이를 통해 약점을 보완하기도 했지만 무엇보다 강점을 극대화하는 쪽에 에너지를 쓰기로 했다.

강사 초반에는 경험이 많지 않기 때문에 무조건 연습을 많이 하는 것이 중요하다. 또한 혼자만의 연습도 중요하지만, 주변 전문 강사들의 조언을 들어보는 것도 중요하다. 먼저 강의 경험을 해보신 선배 강사들의 조언을 통해 수정을 거듭했고 나다운 강의력을 갖추게 되었다.

내가 가장 중요하게 생각하는 원칙은 사전에 철저한 준비가 기본이라는 것이다. 강의는 리허설이 없기 때문에 그날의 컨디션을 강의 중 내비친다면 그것은 아마추어다. 강의 전에 디지털 디톡스(digital-detox)를 미리 준비하고, 식단도 가볍게 먹으려고 한다. 특히 온라인 수업으로 진행할 경우 수강생들의 만족 지수를 높이기 위해서는 많은 집중력이 필요하기에 본인에 대한 객관적인 파악을 정확히 잘해서 부족하지 않게 에너지를 넘치게 채워야 한다. 강의의 커리큘럼이 대략 준비되어 있지만, 강의는 수강생의 어학 수준, 연령, 직업, 목적에 따라 수강생의 속도와 언어로 가르쳐야 한다. 평소 강의 자료는 다양한 세미나에 참석하면서 얻어지는 통찰을 수업에 적용하기도 한다. 주기적으로 원어민들과의 모임도 참석한다. 모임에서 수업 연구, 신문, 뉴스, 잡지, 책, 영상에 다양한 자료를 수집하기도 한다. 평소에 데이터베이스를 구축해 두면 수강생들의 유형에 따라 수업을 이끌어 가는데 수월하다. 그다음은 수강생 관리다. 강의 초기부터 현재까지 나만의 노트를 만들어서 수강생들의 개별 노트를 기록해 왔다. 예를 들어 수강생의 현재 어학 수준, 목표하는 것들, 하루 공부 가능 시간, 수강 이후의 변화들을 기록해 왔다. 부족한 것들은 수업 시간에 채워주거나 과제로 내주었다. 처음 시작은 열정적이나 시간이 지남에 따라 나태해지려는 마음의 동기를 부여해 주거나 다양한 강의 변화 방식을 추구하면서 중도 포기를 막거나 재계약을 이끌어냈다.

초기 강사 시절 기업체 강의를 나갔을 때 직원분 중 한 분이 번역을 많이 어려워해서 어떠한 대가도 받지 않고 그냥 도와드린 적이 있었다. 몇 년이 지났을까? 모르는 번호로 연락이 왔다. 나의 연락처를 알아내는 데 오래 걸렸다고 한다. 부인의 회사에서 일본어 강의 교육을 계획하고 있는데, 나를 추천하고 싶다는 연락이었다. 나는 내가 도움을 드린 것에 대해 기억조차 못 하고 있었다. 도움받은 것도 감사하고 배웠던 게 큰 도움이 되었다니 얼마나 감사한 일인지 모른다. 어떠한 의도로 도움을 드린 적은 없지만, 수강생분이 고맙게 느껴주셨던 부분이 아직도 감사하다.

강의의 시간이 거듭될수록 단단해질 수 있는 이유는 작고 사소한 것들을 무시하지 않는 태도 같다. 누적으로 실력을 쌓았다고 하더라도, 세심하게 관심을 기울이고 수강생의 질문에 대한 해결책 제시와 특히 마음 관리도 함께 챙겨야 한다. 현재의 감정에 휩쓸린다면 최고의 강의를 이끌어 낼 수 없듯이 마음 관리를 위해 꾸준히 강의 전 나만의 혼자 시간을 확보해서 좋아하는 것들로 나를 채우는 시간을 꼭 가지려고 한다.

2

기록을
일상화해라

　기록하는 습관이 있다. 20대부터 작고 사소한 것들을 쓰며 모으기 시작했다. 메모, 영상, 사진, 매 순간 기억하고 싶은 것을 기록해두었다. 내가 무엇을 좋아하고 어떻게 살고 싶은지, 내가 무엇을 할 때 행복한지, 오늘 나의 감정은 어떤지, 나의 하루 성공 일지를 기록해 왔다. 신기한 건 내가 막연하게 머리로 생각하는 것과 적어보는 것은 전혀 다르다는 것을 깨달았다. 기록하면서 빽빽한 하루보다는 여백 있는 하루를 추구하는 나를 새삼 다시 보게 된다. 강사를 하면서는 기록의 중요성을 더 느낀다. 쓴 것을 보며 성장하기도 하고, 수강생들에게도 도움을 줄 수도 있다. 기본적으로 출석부부터 수업 준비 노트, 기업체 강의 목록 등을 세분화하여 적어 왔다. 출강했던 S전자의 경우 대기업인 만큼 강의 지원에 적극적이었다. 그러나 주기적으로 회화 시험을 봐야 하고, 성과를 내야 하는 압박감이 있었다. 점심시간에는 누구나 쉬고 싶을 텐데 그 시간에 수업을 들어야 한다는 것도 수강생들에게도 부담감으로 다가왔을 것이다. 어쩔 수 없이 참석해야 하는 강의가 아니라 수업에 참여하고 싶은 마음이 들게 부단히 노력해 왔고 좋은 성과도 냈다.

다음은 나 자신뿐만 아니라, 강사 일에도 도움받을 수 있었던 기록의 장점이 있다. 다양한 수강생들을 만나다 보니 이름을 바로 기억하기 위해 수강생 특징을 기록장에 표시해서 바로 기억하거나, 수강생이 공부하는 이유나 목적들을 메모해 두었다. 사소한 질문도 그냥 스쳐 지나가지 않고 수업후라도 쉬는 시간에 설명해 주기도 했다. 일본계 회사도 서로 연결되다 보니 수강하셨던 인사과 직원분이 다른 회사를 연결해 주시기도 했다. 출강하는 회사들의 특징들과 필요한 인재에 관해서도 관심을 가지고 있었다. 졸업을 앞두고 취업을 준비하는 수강생에게 잘 맞을 것 같은 회사로 취업활동을 돕기도 했다. 회사 입장에서는 나를 통해 소개를 받은 수강생이기에 신뢰가 있고, 수강생 입장에서는 나에 대한 고마움을 품은 채 회사 생활을 성실히 해나갔다. 스스로를 작은 공인으로 생각하면서 살면 언행을 통제하게 되고 멀리 바라보게 된다.

일본 영화와 애니메이션도 즐겨보다 보니, 장르별로 좋았던 것을 기록해두었다. 음악을 자주 즐겨듣고, 책을 좋아하다 보니, 좋아하는 글은 꼭 메모해 두거나 스크랩해 둔다. 음악도 듣다가 위로되었거나 영감이 떠오르는 음악들은 꼭 기록해 둔다. 신기하게도 이렇게 모아둔 자료들은 강의의 소재가 되기도 하고, 수강생에게도 도움을 줄 수 있다. 무기력증이 오고 있다는 수강생에게는 동기부여를 줄 수 있는 음악, 책, 영화를 추천해 주고, 기업 강의 때는 한 달에 한 번은 영화 보는 날로 정해서 다과 겸 강의실에서 다 함께 영화를 보기도 했다. 딱딱한 공부보다는 일본어도 다양한 각도로 관심을 갖고 찾아보면 즐겁게 공부할 수 있다.

내면 관리

강사도 사람이기에 내면 관리가 되지 않으면 강의에 영향을 미친다. 따라서 주기적으로 나를 돌본다. 생각이 많아질 때는 고민이 되는 것을 적으며 해결 방법도 함께 생각해 보는 습관이 생겼다. 신기하게도 머리에서는 복잡했던 것들이 기록하면서 삶을 단순화시켜서 에너지를 아끼고 생산적인 곳에 전략적으로 사용할 수 있게 되었다. 내면 관리 중 하나는 질문 독서였다. 이것을 통해 막연한 독서보다는 얻은 인사이트를 적고, 스스로 질문을 만들어내고 생각을 정리하는 일들이 나의 삶을 단순화시키는 데 도움도 되고 행동을 이끌어내는 데 도움이 되었다.

시간 관리

결혼과 출산 후 금방 마흔이 될 것 같아서 철저하게 시간 관리를 해왔다.

하고 싶은 공부도 하고 경력이 단절되지 않기 위해 일도 지속하고, 여행도 틈틈이 하면서 마음의 여유를 채워주기도 했다. 성장하는 사람들의 모임에 들어가서 함께 좋은 에너지를 얻었다. 시간 관리가 되면, 의식화하는 삶을 통해 생각하면서 살게 된다. 나는 기독교인이다. 하루의 시작을 말씀과 기도로 시작한다. 몇 년 전부터 자매들과 단톡방에서 말씀 낭독을 올리고, 각자의 기도 제목이나 어려움이 있을 때 서로 나누면서 힘을 실어주고 있다. 흘러가는 대로 살게 되면 문제에 부딪힐 때마다 삶의 불만이 생기고 자신의 삶을 통제하지 못하게 된다. 그러나 시간 관리가 되면 의식화 속에 자신에게 가장 최선의 것을 선택하게 된다. 수강생들에게도 선택한 시간이 아깝지 않도록 방향성에 목적을 두고 강의를 진행한다. 내 이름 석 자를 걸고 하는 수업인 만큼 수강생들의 목표를 달성하는 데 도움을 주고 싶다.

수강생 관리 노트

강의 시작 단계 때부터 수강생의 정확한 목표를 메모해 두고, 방향성을 정해서 기초부터 체계적으로 진행하면서 관리를 해나간다. 대부분 처음에는 열정적으로 시작하지만, 시간이 지날수록 초심을 잃는 경우도 생긴다. 그럴 때마다 학생의 목표를 다시 되새겨주고 강의 진행 중 소통을 하면서 수강생의 맞게 강의 방향도 수정해 나갔다. 나만의 차별화를 두면, 수강생의 중도 포기를 막을 수 있고, 목표를 성취하는 모습을 보며 이 일의 의미와 가치를 자연스레 발견한다. 언제든지 일본어와 관련해서 질문할 수 있도록 하며 막연한 공부보다 가끔씩은 원어민들과 오프라인 만남도 주최해서 의욕을 실어주는 것을 해보기도 했다. 한국인 수강생 입장에서는 본인이 외국인과 대화해봤다는 경험이 되고 일본 원어민의 경우는 한국인 친구를 좀 더 폭넓게 사귈 수 있는 장점이 있다.

미래 관리

함께 일본어 강사 일을 시작했던 동기들의 경우 결혼 후 여러 가지 이유로 강사 일을 그만두는 경우가 많다. 스스로 본인에게 한계를 두었던 것이다. 일본어를 공부하면 강사 시장만 있는 게 아니라 조금 관심을 갖고 찾아보면 한국어 강의, 가이드, 통역, 번역, 마케팅 다양한 분야로 확장해서 일을 해나갈 수 있다. 물론, 계속 트렌드에도 관심을 갖고 공부해야 하고, 어학 공부도 쉬면 안 된다. 강사 일도 사람의 마음을 얻어야 하고 관계를 잘 유지해 나가야 지속 가능한 일이다. '이 일을 언제까지 할 수 있을까'보다, '내가 언제까지 하고 싶은지' 선택과 집중으로 확장해 나가면 된다. 선택지를 타인에게 주는 것이 아니라 스스로에게 주는 것이다. 아무리 좋은 말이라도 같은 말을 반복하면 상대에게는 잔소리로 들리고 지루해진다. 기록하는 순간 문장으로 정리가 되면서 같은 말을 반복하지 않게 된다. 강사 일을 하면서 적는 습관은 계속 연결 고리를 찾게 해주고, 가이드와 통역 일도 병행할 수 있는 일의 확장을 가져왔다. 가이드 일을 하면서 일본인들이 좋아하는 곳, 좋아하는 한국 음식, 연령층에 따른 관광지 선정 등 주머니에 수첩과 펜을 들고 다니면서 틈틈이 써둔다. 순간순간 기록한 것들을 삶 속에 적용하면서 나의 비즈니스도 시나브로 확장되었다. 또한 하루 성공 일지를 작성하면서 오늘을 잘 보낸 스스로를 칭찬했다. 이렇게 여러가지 기록들을 통해 여전히 자기다움을 찾아가고 있는 중이다.

3

학습자에 대한 분석이
교육의 성패를 좌우한다

목표가 있다면, 그만큼 실천도 욕심을 부려야 한다. 분명한 목표, 철저한 계획, 장기적인 실천, 처음에는 대부분 열정적으로 시작하지만, 시간이 지나면서 점차 초심을 잃는 경우가 많다. 그래서 처음 수강생들과 상담할 때 수강생 노트를 만들어 수강생의 분명한 목표를 적어둔다. 시간이 지나서 하고자 하는 마음이 느슨해진다고 느끼면 처음 상담했던 내용을 인쇄해서 수강생에게 보여준다. 그럼 수강생은 본인의 초심을 다시 찾으면서 누군가 본인의 목표에 진심으로 귀 기울여 주고, 관심 가져 준 것에 고마워한다. 수강생의 목표가 정확하면 방법은 바꿔가면서 조율해 가면 된다. 그러기 위해서는 큰 그림을 그려보면 된다. 어떤 목표로 출발점부터 결승점까지 어떻게 시간을 채워나갈지 진행하면 된다. 목표가 분명하면 중간에 흔들려도 길을 완전히 잃어버리지 않을 수 있다. 무엇보다 작은 성취감을 경험할 수 있는 기회를 제공하면 수강생의 자신감 증진에도 도움이 된다.

나의 경우 강사 초기 시절부터 주말을 이용해 가이드 일, 통역 일도 병행했다. 같은 일을 반복하면 다소 지루할 수 있지만, 가이드 일은 국내를 여행할 수 있는 일이기에 새로운 풍경을 보게 해줬다. 이런 나의 경험을 바탕으로 일본어를 배우러 온 수강생에게 막연한 가이드 자격증 시험보다는 현장 경험도 할 수 있게 방법을 알려주었다. 본인이 꿈꾸는 일과 현실의 차이가 있을 수 있기 때문이다. 현장에서 일을 하면 본인의 객관적인 실력 점검이 되고 자신의 성격과 일이 잘 맞는지도 파악이 된다. 통역의 경우는 많은 공부가 필요하다. 일본어를 잘하는 것도 중요하지만 다양한 분야에 대해 많이 알고 있어야 하고, 그것을 일본어로도 잘 표현할 줄 알아야 한다. 그러기 위해 신문도 꾸준히 보고 평소에 공부 습관은 기본이다. 20년 이상 새벽 6시 이전에 기상해 하루를 시작하는 것은 나에게 익숙해진 습관이다.

일본어 강사가 되고 싶어서 수강 신청을 했는데 회화 시간에 부끄러워서 말 한 마디도 내뱉기 어려워하는 수강생도 봤다. 강사 입장에서 잘 이끌어서 수업 시간만큼은 회화의 기회를 제공하지만, 내성적인 성격이 강한 경우 오히려 번역가 일이 맞을 수도 있어서 번역하는 방법도 알려주었다. 좋아하는 일과 잘하는 일이 다를 수 있다. 그런 것을 잘 알아내는 방법은 경험이다. 스스로 마주해보고 시행착오를 겪어야 더 단단해질 수 있다.

20년 차 강사 일을 지속할 수 있는 이유를 생각해 봤다. 강의를 일로 생각한 적은 없다는 걸 알게 된다. 내가 좋아하는 것이 이제 수강생이 바라는 목표에 닿을 때는 금상첨화처럼 다가온다. 그것이 오랫동안 일을 하게 된 비결이다.

강사를 직업으로 삼기 위해 한 가지 주의할 점은 나의 속도에 타인을 맞추게 하면 안 된다는 점이다. 나는 20년 차 일본어 강사이지만, 초등학교 저학년을 키우는 엄마이기도 하다. 아이가 피아노에 도전하는 과정을 통해 나는 수강생들의 마음을 더 이해하게 됐다. 아들이 피아노에 관심을 보일 무렵 피아노를 시켰다. 일 년이 다 될 무렵 아이의 피아노 실력을 이끌어줄 선생님을 찾아 학원을 옮겼다. 주 2회였지만, 아이는 학원이 너무 낯설다고 했다. 적응하는 데 어려움을 겪었다. 엄마의 입장에서는 사람은 살아가면서 반드시 넘어야 하는 극복의 시간을 마주하게 되기에 극복하는 과정에서 도전과 끈기를 배우길 원했다. 아들과 여러 번의 대화를 통해 알았다. 엄마가 본인의 속도를 기다려주었으면 좋겠다고. 그러면 잘할 수 있을 것 같다고 말하는게 아닌가. 이와 같은 일들이 나의 수강생들에게도 비슷하겠구나 생각하게 된다. 각자가 가진 기질과 성격이 다른 것을 생각하며 수강생의 마음 속도를 살핀다. 또한 일상의 자리에서 어렵게 공부하시는 분들도 계시는데, 어떻게 하면 초심을 잃지 않고 함께갈 수 있는지 동기부여를 해준다. 이렇게 생각하다 보면 강사는 지식을 알려주는 사람인 동시에 사람의 내면 곳곳을 헤아리는 마음 리더여야 한다는 생각도 든다. 사람마다 가지고 있는 잠재력이 다르다. 강사는 내공을 발휘해야 하는 직업이다. 언어를 가르치지만 사람을 오래 바라보며 실행력을 나누려고 노력한다.

4

변화와 성장을
유도하는 강사가 되어라

　강의 20년 차이지만 강사인 나 먼저 변화와 성장 없이 수강생들의 변화와 성장을 유도한다는 것은 어불성설이다. 강의 초기 때는 잘해보고 싶은 욕심에 밤도 자주 지새우면서 준비하는 수고스러움이 있었다. 지금은 누적된 강의를 바탕으로 수강생에 맞게 수정, 보완하면서 강의를 진행한다. 코로나 이후 내가 진행하던 일본어 강의는 대면에서 비대면으로 바뀌어 갔다. 그러면서 더 신경 쓴 것은 어학 실력과 더불어 수강생이 공부하려는 목적을 명확히 해 그 안에서 의미를 발견하게 하는 것이었다. 비대면도 잘 활용하면 오히려 시간을 절약하고 가치 창출을 할 수 있는 강점이 있다. 앞으로는 인간관계를 기반으로 한 직업이 더 커지겠다는 생각이 들었다. 강사는 수강생들이 꾸준하게 일본어 공부를 할 수 있도록 환경을 조성하는 것, 계속 실행할 수 있는 힘을 키워주는 것이 중요하다는 생각이 든다.

　현재 나는 일본인들에게도 한국어를 가르치는 강사이기도 하다. 일본인

주재원들과 한국에 거주하는 가족들이 나의 수강생들이다. 일본인들과 오랫동안 교제하면서 그들의 성향도 잘 파악하고 있다. 무엇보다 한국에서 생활하며 실질적으로 필요할 때 직접 도움을 주는 게 필요하다. 그 예로 한국에서 언어도 안 통하는데, 아이가 크게 다쳐서 갑자기 대학병원 응급실을 가야 하는 상황이 있었다. 그럴 때 직접 가서 병원 통역 일을 돕기도 했지만, 전화상이라도 통역으로 돕거나 실제적으로 필요한 정보 제공에 힘썼다. 이렇게 서로 관계를 쌓아가면서 그들은 나를 통해 간접적으로 한국을 경험하고 좋아하게 되었다. 주재원 생활을 마치고 일본에 돌아가서 한국어 강의를 꾸준히 이어서 듣고 싶다고 신청하거나, 친구로서 관계를 유지해 가는 경우가 많기도 했다.

시대가 많이 바뀌어서 AI 시대를 살고 있다. 앞으로는 어학도 필요 없어진다는 말이 있다. 그러나 현업에서 내가 느끼는 것은 AI의 오점도 많다는 것이다. 비즈니스 통역을 하다 보면 그것을 많이 느낀다. 가끔 비즈니스 성립 과정에서 한·일 양국의 기업의 감정이 상하는 경우가 있다. 그때 통역사의 역할은 그 감정을 그대로 통역해버리면 비즈니스가 성립되지 않을 수 있다. 최대한 일관된 표정, 가장 적절한 어휘를 선택하는 것도 통역사의 역할이다. 그만큼 많이 공부해야 하고 어휘의 양도 채워져 있어야 한다. 이런 상황에서 AI가 통역했을 경우, 이 비즈니스는 성립되지 않을 확률이 높다. 비즈니스 세계는 전문성과 진정성이 경쟁력이 있다. 오히려 인간관계를 기반으로 한 직업이 더 깊어지고 커진다.

나와 인연이 되었던 수강생들은 어떻게 변화되었을까? 일본에서 장사를 하고 싶어서 회화를 배우러 오셨던 분은 유창하게 배워 원하는 것을 이루셨다. 스튜어디스가 꿈이었던 수강생은 시험에 합격해서 본인의 삶을 살고 있다. 비즈니스, 선교, 유학, 각자의 꿈이 있어서 찾아온 수강생들이 일본어라는 수단을 통해 이룬 모습을 볼 때 나의 사명감과 가치를 느낀다. 단순히 어학을 가르친다는 개념보다는 스스로 설 수 있는 힘을 키워주려고 한다. 일본인 친구들을 사귀는 방법이나 그들을 대하는 방법, 소통하는 방법을 알려주면서 스스로 도전하고 경험하게 하는 도움을 줄 수 있다. 아는 만큼 상대에 대한 이해의 폭도 넓어지기에 일본인들의 문화도 많이 알려주었다. 무언가를 성취해 본 사람, 특히 자신이 좋아하는 걸 하다 보면 자존감이 높아진다. 누구나 처음은 다 어설프지만, 꾸준히 하면 실력이 늘어나고 실력이 높아지면, 인정을 받게 된다.

일본어 기초부터 시작해서 3개월간 배우고 자유여행으로 일본을 다녀온 남학생은 가기 전과 후가 완전히 달라졌다. 스스로 해냈다는 자신감을 얻으면서 공부 계획도 세워가는 달라진 모습을 봤다. 강사인 나부터 현실에 안주하는 게 아니라 일본에 자주 다녀오면서 트렌드도 학생들과 나누기도 했다. 그 속에서 자신에게 안주가 아닌 꾸준히 배우고 도전하는 시도를 하며 수강생들에게 동기부여를 해주고 싶었다. 어디에 있는지도 중요하지만, 어떻게 시간을 쌓아 가는지도 중요한 것이 아닐까 묻게 된다.

일본어 강사 일을 하면서 수강생들이 중급 단계에서 고급 단계로 갈 때, 시험 대비반을 준비하면서 수강생에게 가장 걸림돌이 되는 게 있다. 그것은 우리말의 내공 실력이다. 평소 독서 습관이 잘 돼 있거나 메모하는 습관이 있는 사람들은 일본어 실력도 시간 대비만큼 빨리 올라가는 게 보이지만, 평소 독서량이 거의 없는 사람은 헤맨다. 독해에서 막혀버린다. 나의 전략은 이런 부분을 직접 대고 말하면 상대가 상처받을 수 있고, 포기할 수 있는 부분이라 나부터 일본어 공부할 때 어려웠던 점들을 수강생들과 나누고 수강생들에게 도움이 될 만한 원서들을 추천해서 같이 읽고 나누기도 한다. 추천해 줘도 절대 안 읽는 경우도 있다. 그래서 함께 읽어야 효과가 있다.

　혼자 일하는 직업이다 보니 나만의 틀에 갇히지 않기 위해 폭넓은 사고 확장을 위해 다양한 분야의 전문가들과 주기적으로 온라인(Zoom)으로 소통하거나 의견을 나누면서 트렌드도 배우고 정보들을 얻어서 수강생들에게 제공해 주고 있다. 진로를 준비하는 젊은 친구들은 본인의 공부와 현실의 차이가 클 수 있기에 앉아서 공부만 하는 게 아니라, 현장 경험을 쌓을 수 있게 계속 독려하기도 한다. 일본어 강사가 되고 싶어서 일본어과를 가기 위해 공부하는 수강생도 있었다. 그런데 막상 학과를 선택해서 가보면 일본어 회화보다는 그 나라의 문화, 역사를 더 깊게 배우는 게 흥미가 없어서 그만두려는 수강생들도 봤다. 이러한 시행착오를 줄여주기 위해 현재 일본어과를 다니는 또래의 선배들에게 이야기를 들을 수 있는 자리도 가끔 마련해 주거나 직접 가르쳐볼 기회를 만들어서 스스로 느끼게 하기도 한다.

마흔 이후의 내 분야에서 후퇴가 아닌 전진하고 있는 이유는 꾸준한 실행과 노력이다. 젊게 보이려고 애쓰는 게 아니라, 어느 연령대와도 수강생과도 공감대 형성을 잘하고 재미있는 강사가 돼야 수업도 이어진다. 10년 전에 계약했던 기업체들과 인연을 이어가는 이유도 꾸준한 관계 형성이다. 회사 측에서 도움이 필요할 때 한 발짝 물러서는 것이 아니라 적극적으로 도와주려고 노력한다. 강사든 통역이든 일손이 필요할 때 내가 안 되면, 후배든 제자든 실력 있는 사람을 소개해 주어서 회사에 이익을 주려고 한다. 혼자 움켜쥐려고 하면 초라하게 나이 든다. 내가 받은 사랑을 조금 나누면 나눔의 빈자리는 또 다른 감사로 채워진다.

5

꾸준히 배우며
강사의 세계관을 확장하라

나는 개인적으로 한정된 메뉴판보다 다양한 메뉴판을 보고 선택할 수 있는 것을 선호한다. 그와 같은 마음을 때때로 수강생에게서도 느낄 때가 있다.

나에게 일본어를 배우러 오는 직장인 수강생들의 경우 본업을 위해서도 배우지만 이직 또는 창업, 지금보다 더 나은 선택지를 고르기 위해 공부하는 사람들도 있다는 것이다. 그러한 목표를 가지고 계신 수강생들이 오는 시간이 헛되지 않게 수업 준비뿐만 아니라, 스스로 업그레이드된 하루하루를 살려고 노력해 왔다. 내가 하는 말 한마디가 상대에게 영향력을 줄 수 있기 때문이다.

마흔 이후 나는 어떠한 삶을 살아왔고, 어떻게 살고 싶은지 글을 쓰면서 구체화 시키는 계기를 마련해 봤다. 과거의 선택과 행동이 지금의 나의 모습일 것이라는 생각이 들었다.

어릴 때부터 내 마음 한편에는 늘 꿈이라는 단어가 존재했다. 아직도 기억나는 것은 어릴 적 악기를 배우는 친구들이 부러웠다. 부모님께 솔직한 내 마음을 말씀드렸다면 학원에 보내 주셨을 텐데, 죄송하여 말을 하지 않았다. 그 생각을 하면 일찍 성숙해 버린 것 같아 가끔은 스스로가 안쓰럽다.

성인이 돼서 번 돈으로 바이올린을 구입했다. 그리고 서른이 될 무렵부터 주말에 서울로 그룹 레슨을 다녔다. 그때도 나의 마음속 갈증을 느끼는 소녀에게 오래전 바람들을 들어주고 싶었다. 주말에 레슨이 끝나면 카페에서 두세 시간을 독서했는데 새로운 세계가 열리는 기분이 들었다. 다양한 책을 읽으면서 꿈을 이룬 사람들의 삶을 간접 경험하면서 나에게도 원하는 것들이 자라났다. 무언가를 이룬 사람처럼 마음의 채워짐이 있었고 가슴까지 두근거렸다. 그리고 생각에 멈추지 않고 도전했다. 독서로 끝나면 지식에서 멈추지만, 그것을 실행으로 옮기면 지혜로 바뀌었다. 책을 읽고 감동되면 책 저자에게 이메일을 보내기도 했는데 놀랍게도 좋아하는 작가님 집에 초대받은 적도 있었다. 작가 강연회에 참석해서 궁금했던 것들을 물어보고 메모하며 실행할 수 있는 것들에 초점을 맞추기도 했다.

내가 원하는 것을 정확히 알아야 하고 그것은 스스로에 대한 질문이 있어야 한다. 그리고 원하는 것을 이루는 방법은 내가 가고자 하는 길을 먼저 이룬 사람에게 찾아가서 물어보면 훨씬 도움이 될 것이다.

사람에게는 몇 번의 기회가 온다고 한다. 나의 경우 서울의 거주했을 때 길을 몰라서 헤매는 일본인에게 길을 안내해 준 적이 있다. 그분은 한국 연예인에 많은 관심을 가졌던 분이셨고 나보다 국내 연예계의 많은 것을 알고 있는 분이었다. 그분과의 인연은 이어졌다. 그러다 만남의 시간이 1년이라는 시간이 지날 무렵, 일본 연예부 기자를 소개받은 적이 있었다. 당시한류 붐으로 일본에서 사랑받는 한국 드라마를 계기로 나는 몇몇 배우를만나 일본 팬미팅 통역을 하게 된 것이다.

또 하나는 평소 나를 유심히 지켜보는 A 회사 대표가 국내 큰 통역에 나를 추천해서 소개해 주었다. 당시 생방송으로 한·일 축구 대표 통역과 故앙드레 김 통역 등 국내에서 큰 통역들의 경험을 쌓을 수 있는 기회를 경험했다.

내 강의 분야인 일본어 공부도 마찬가지이다. 일본어 공부를 할 때 모든 생각과 몸은 일본어로 생각하고 말했다. 태어나서 토할 만큼 열심히 했던 게 일본어라서 20년 차 강사 생활을 하고 있는 것 같다. 꾸준히 계속 배움을 이어가면서 일본어 강사에 안주하지 않고 가이드 일을 병행하고 통역 일로 확장하면서 나의 마인드, 세계관도 점차 국내에서 세계로 확장됐다. 실력이 완벽한 상태에서 도전한 게 아니었다. 가이드 일을 처음 시작했을 때는 한국의 유명 관광지들을 다닐 때 경복궁을 일본어로 설명해 주기가 어려워서 그냥 외워서 설명하거나 옆에서 외국인들에게 설명해 주는 전문 가이드의 설명을 따라서 했다.

아직도 잊지 못할 하나의 사건이 있다. 나는 가이드 일을 했지만 길치다. 수학여행단 가이드 일을 하면서 지하철을 잘못 타서 학생들이 비행기를 못 탈 뻔한 일도 있었다. 지금 생각해 보면 등에서 식은땀이 난다. 당시 나도 모르게 눈물이 났는데 학생들이 괜찮다고 위로해주고 지금까지 학생들과 편지를 주고받는 사이가 되었다. 통역 일도 마찬가지다. 처음으로 맡은 경험이 생방송 통역이다. 편하게 생각하고 참석한 자리에 외신 기자들과 카메라가 가득한 자리에 나는 몸이 굳어진 적도 있다. 무슨 말을 한지도 모르게 통역은 잘 마무리됐지만, 그때를 생각하면 아직도 부끄러워진다. 처음 시작이 워낙 큰 통역이었기에 그다음부터는 철저한 준비를 해왔다. 통역사의 기본 복장, 신문, 경제 잡지 등 폭넓게 관심을 가지고 공부했다. 이런 마음으로 계속 준비하는 과정에서 해외 통역의 기회도 열리면서 다양한 경험을 쌓아갔다. 이런 경험들이 강사 일을 하면서 수강생들에게 현장 경험을 나누고 준비할 것들을 나눌 수 있게 되었다. 강사는 자신도 배우면서 타인의 성장을 도울 수 있는 직업이다.

강사는 만나는 사람이 다양하기에 여러 방면을 알아두면 좋다. 나 역시 일본어를 공부하면서 일본인, 다양한 직업을 가진 수강생, 통역을 하면서 다양한 분야의 전문가들을 만났다. 그들과 공감대 형성을 이루기 위해 더 많이 배움에 시간에 투자했다. 나의 소비 마인드는 오직 투자였다. 정치, 경제에 아무런 지식이 없는데 소통하고 통역을 할 수가 없다. 당시 나의 기록장에는 비즈니스로 만나는 사람들과 대화하려면 공부해야 할 것들을 생각날 때마다 메모해서 공부했다. 만나는 사람이 확장될수록 공부해야 할 게 많아졌다. 만나는 대상이나 강의 분야가 달라지면서 또 다른 것을 깨닫는 경우도 있다. 외국인들에게 한국어를 가르치면서 스스로에 대한 공부가 더 채워져야 할 것을 느끼고 글쓰기를 시작했다. 공저이긴 하지만 한 권의 전자책도 출간했다. 마흔 이후 거울 속에 나의 모습을 보면 젊음은 사라졌지만, 여전히 꿈꾸고 무언가를 실천하고 있다. 이렇게 하는 이유는 항상 새로움을 추구하는 강사가 되고 싶기 때문이다. 나이 들수록 가장 두려워해야 할 것은 하고 싶은 게 사라지는 것이란다. 사람은 하고 싶은 게 있으면 움직인다. 그 움직임 속에 시행착오를 겪고 생각했던 것과 막상 해보는 것은 완전히 다르다는 것을 느낀다. 일본어는 나의 전문 강의 분야다. 언어를 잘해서 강의까지 하게 되면 날개를 달아줄 도구가 된다. 그러기 위해서 꾸준히 배우며 세계관을 넓혀야 한다. 난 아직도 도전하고 있다.

6
벤치마킹보다
'나다움'이 먼저다

내가 생각하는 '나다움'이란 누군가로부터 나를 정의하는 것이 아니라 스스로 만들어가는 것이라 생각한다. 눈부신 성과를 못 이루었어도 자리를 묵묵히 지켜 가면서 자신의 성실을 인정하는 것, 자신만의 분야에서 경험치로 견고해지는 것도 나다움을 찾아가는 것이라고 생각한다.

유명한 강사들의 이름을 떠오르면 그들의 이미지가 정확히 떠오른다. 일본어 관련 검색만 해봐도 수많은 정보와 강사들이 넘쳐난다. 강사를 준비하는 초보 강사들의 경우 프로 강사의 강의 방법을 따라 하는 데 집중하는 것보다 자신이 어떤 사람이고 어떤 강점이 있는지를 파악해야 하는 게 우선이다. '나답다'는 표현은 내가 무엇을 좋아하고, 어떻게 시간을 보내는 걸 좋아하는지 자신의 객관적 파악이 우선이다. 어학 분야도 회화 쪽이 강한지, 시험 대비반에 강한지, 문법반이 강한지 본인의 강점을 바탕으로 강의를 선택하는 것도 도움이 된다. 모든 것은 경험을 하다 보면 파악이 된다.

배움에 대한 투자를 중요하게 느껴서 다양한 세미나에 참석해 왔다. 느낀 점은 관심 있는 분야에 대해 듣다 보면 내용들이 익숙하게 다가올 때가 있다는 것이다. 어디선가 본 것처럼 다가올 때도 있었다. 주의할 점은 요즘은 이런 게 안 통한다는 것이다. 내가 가르치는 일본어 강의도 마찬가지이다. 기업체 강의 의뢰도 개인 수업 문의, 통역 문의도 블로그에 기록된 나의 활동 영역이나 내가 쓴 글들을 통해 문의가 들어온다. 수강생들도 본인만의 선호하는 강사들이 있다. 강사들의 블로그가 있다면 그들이 쓴 글이나 활동 영역을 통해 본인에게 어떤 점이 도움을 받을 수 있는지 미리 예상가능하기에 그런 강사진을 선호한다. 내가 아무리 많은 경험치가 있어도 기록하지 않으면 증명할 수 없다. 작고 사소한 거라도 나를 나타낼 수 있는 것들을 블로그나 본인만의 홈페이지에 꾸준히 기록하는 것도 좋은 방법이라고 생각한다.

강사는 꾸준히 공부하고 배워야 하는 직업이다. 트렌드에도 민감해야 하고 꾸준히 주변을 관찰해야 한다. 강사인 나는 40대지만, 수강생들은 연령대가 다양하다. 그러면 각 연령대의 언어를 이해하고 소통할 수 있는 센스가 필요하다. 실력이 있어도 재미없는 강사는 인기가 없다. 가끔 유학을 마치고 돌아온 20대 강사의 수업도 들어본다. 젊은 감각을 배우기 위해서다. 수강생들의 반응도 살펴본다. 유명한 어학원에서 어떤 강사들이 꾸준히 일타강사로 활약하는지 분석도 해본다. 인기 있는 강사, 롱런하는 강사들은 이유가 있다. 그것을 생각하며 나만의 방법으로 채울 것, 비울 것을 분석해서 꾸준히 나를 성장시키려고 한다. 단, 나를 잃지 않은 범위 안에서다. 너무나 빨리 바뀌어 가는 지금 시대에 자신이 뒤처진다는 불안감은 버리고, 나를 더 행복하게 해줄 수 있는 것들로 채우면 나이가 들수록 불안감이 아닌 어느 누구와도 즐겁게 나만의 방법으로 소통할 수 있는 방법을 찾아갈 수 있을 것이다.

.

7

상대의 마음을 울리는
강사가 되자

인생에도 연습이 있으면 좋겠지만 인생은 늘 라이브다. 내가 선택한 것이 늘 최상이면 좋겠지만, 때론 좌절하고 넘어지는 게 인생인 것 같다. 그럼에도 불구하고 지금 가장 최선을 선택하기 위해 꾸준히 공부하면서 내 마음에 맞게 인생을 수정해 가는 것 같다.

일본어라는 어학을 가르치면서 늘 중요하게 생각하는 것은 언어이다. 나에게 일본어와 인연이 된 수강생들이 처음에는 대학교 전공을 일본어과로 가기 위해, 유학 준비를 위해, 회사 승진 시험을 위해 다양한 이유로 배우러 왔다. 내가 볼 때는 다들 훌륭하고 하루하루 잘 살아내고 있는데 본인 삶에 대한 만족 지수는 낮았던 게 늘 안타까웠다. 다행히도 일본어를 공부하면서 그 안에서 성취감도 느꼈고, 만남 가운데 소통을 이어 가면서 처음 만날 때보다는 본인의 삶에 대한 만족도가 높아지는 모습을 볼 때 감사한 마음도 든다.

마흔 이후가 된 지금의 나를 돌이켜보면 젊을 때보다 노력하고 있다는 것이다. 배부르게 먹지 않으려 하고, 더 움직이려 하고, 내 마음을 행복해지는 것들로 채워 가려고 하고, 익숙해진 강의를 하기보다는 초심을 유지하면서 나아진 강의를 하고, 나를 믿고 등록해 준 수강생들이 일본어를 통해 성취감도 느끼게 해주고, 인생이 즐겁게 느껴졌으면 하는 간절한 마음이 있다.

내가 일본어라는 외국어를 좋아하게 된 계기는 고등학교 시절 영어 선생님 덕분이다. 인생을 살면서 사랑과 진정성을 영어 선생님을 통해 배우고 느꼈다. 모두에게 관심 받는 우등생보다 소외되고 마음이 아프고 자신감이 부족한 학생 입장에서 사랑을 부어주시고, 영어라는 외국어로 표현하는 방법을 알려 주셨기 때문이다. 학창 시절 만났던 영어 선생님 덕분에 내가 받은 사랑을 일본어 강사라는 직업을 가지면서 학창 시절 나처럼 소외되고 마음이 아팠던 학생들에게 손 내밀어 줄 수 있는 강사가 되었으니 말이다.

어느 인스타그램 글에서 본 듯한 글귀가 생각난다. "덜 아픈 사람이 더 아픈 사람을 도우면서 사는 거 그게 전부다."라고. 이 글에 왜 울림이 있었을까 생각해봤다. 내가 만나는 수강생들 중 마음이 아픈 학생들이 많았다. 모범생이고 전교에서 상위권에 있지만, 가정의 불화와 사랑의 결핍으로 자살 시도를 자주 했던 학생, 자퇴했지만 일본어 수업은 들으러 오는 수강생,

오토바이를 타고 다니면서 책가방은 없는 일진 남자 고등학생, 참 다양한 수강생들을 만났다. 내가 아파봤기에 상대의 아픔이 보였고 상대가 마음을 열면 들어줄 수 있는 마음이 준비돼 있었다. 중학교 방과 후 수업에서 자퇴했던 남학생이 일본어 수업 시간만 들어와서 수업 듣고 갔던 일도 있었다. 꼭 꿈이 있어야 하는 것은 아니다. 그렇지만 만남을 통해 인생이 조금은 나아지길 바라는 마음으로 수강생들에게 수첩과 펜을 선물하기도 했고, 가끔 좋은 책이 있으면 선물했던 것 같다. 수업 중간 쉬는 시간에 내가 겪었던 학창 시절의 어려움을 어떻게 극복해 나갔는지, 어떻게 내 꿈을 발견하고 이루어나갔는지, 그냥 내 이야기를 나누고 많이 들어준 게 다였다. 그때 만난 수강생들 가운데 학교에서는 외면을 받았지만, 나의 작은 관심을 통해 꿈이 생기고 지금은 너무 멋진 어른으로 살아가는 수강생들을 보면 뿌듯하다. 이 세상에 안 아픈 사람은 없다. 힘들지만 더 웃으려고 노력하고, 노력하면서 살리는 말을 함으로써 서로 세워 주는 것이다.

일본어를 통해 인연이 되는 수강생들이 나를 통해 인생이 행복해지고 성취감을 얻고 본인들의 꿈을 이루어나가길 바란다. 앞으로도 나의 역할은 인연이 되는 수강생들에게 어떤 도전 앞에서 망설이고 주저할 때, 한 발 앞으로 스스로 나아갈 수 있도록 동기를 부여해 주면서 살아가고 싶다.

선배 강사 이주랑이 전하는
롱런의 비결

현실에 안주하지 말되, 도전하면서 기록을 일상화하다 보면 그것이 본인

의 자산이 된다.

5장

강사는
수강생과 함께
성장한다

보드게임 강사: 한경아

한 분야에 파생하여
계속 기회를 찾자

　'도도새'를 아는가? 인도양의 모리셔스에 서식했던 도도새는 칠면조보다 컸다고 한다. 천적이 없었고, 먹이도 풍부해 날 필요가 없었던 새는 비행능력을 잃었다. 이렇게 나는 법을 잊은 새는 날아야 할 때 날지 못해 멸종했다. 책에서 도도새에 관한 글을 읽었다. 그 내용이 궁금해 포털에 검색해 읽어 보았다. 내가 그날 읽은 글 속에서 도도새 이야기가 관심이 갔던 이유는 무엇일까? 그때는 이 글을 쓰기 위해 준비 중이었다. 내 강사 이야기 서두에 도도새의 날개 이야기를 쓰고 싶었는지도 모른다. 이렇게 갑작스럽게 다가온 작은 관심들은 항상 나를 어떤 길로 인도했다.

　강사가 되는 길에 나의 첫 관심은 큰 딸이 초등학교 입학하면서 시작했다. 이제 무슨 일을 해볼까 고민 중에 떠오른 게 학원 강사였다. 결혼 후에 잠깐 지인의 학원에서 아이들을 가르친 경험이 좋았었는지 강사가 되고 싶었다. 주부인 나는 내 아이를 가르쳤던 경험으로 초등 저학년 정도는 가르칠 수 있을 것 같았다. 큰 학원은 자신이 없었고, 규모가 작은 학원은 골라서 이력서를 냈다. 첫 번째 간 학원에서는 원장의 반응을 보니 불합격이 확실했다. 한 번에 자신감이 뚝 떨어졌다. 두 번째 이력서를 낼 학원을 찾았다. 이름을 보니 이전 학원보다 더 작은 학원일 것 같아 이력서를 들고 갔다. 엘리베이터에 내렸는데, 유리로 된 출입문 사이로 커다란 데스크가 보였다. 내가 생각했던 크기의 5배는 된 것 같았다. 크기에 놀라 잠깐 망설였지만, 이력서만 제출하자는 생각으로 들어갔다. 바로 면접을 보았고 학원 강사가 되었다.

내가 아주 작은 학원이라고 갔던 그곳은, 규모도 예상했던 것보다 컸지만 근처에서 이름난 수학학원이었다. 특히 그 학원의 원장은 전국의 수학 강사들에게 교수법을 가르치던 유명 강사였다. 다른 학원의 원장이 자신의 직원(학원강사)들을 데리고 와서 원장의 특별강의를 듣게 하기도 했었다. 그곳에서 난 지금까지 알지 못했던 다양한 수학의 세상을 보았다. 다양한 교구를 이용하는 수업, 사고력을 향상시키는 수업, 게임으로 하는 연산 수업, 그리고 스토리텔링 수학 등 많은 것을 배웠다. 생각해 보니 기대했던 것보다 더 큰 것이 내게 왔다. 그 학원이 크고 유명한 곳인 줄 알았다면 난 절대 가지 않았을 것이다. 이런 이유로, 난 내 강사의 길은 하늘이 도와서 가능했다고 믿고 있다.

강사의 길의 두 번째 관심에서 난 보드게임을 만났다. 중간에 잠깐 강사 일을 그만두었다가 다시 학원 강사를 하던 중이었다. 영재수학지도사 과정이 있어 들었다. 거기에서 보드게임은 처음 해보았다. 내가 그전에 했던 게임은 원목으로 만든 교구로 수학수업을 하기 위해 만든 교구였다. 처음 접해본 보드게임은 내겐 신세계였다. 연산 반복을 위한 보드게임도 있었고, 논리적 생각을 위한 보드게임도 있었다. 수학을 싫어하는 아이, 못하는 아이, 좋아하고 잘하는 아이, 모두를 아우를 수 있겠다 싶었다. 이렇게 보드게임 대한 나의 첫인상은 수학을 위한 맞춤 교구였다. 수학영재 과정은 끝났지만, 보드게임은 더 배우고 싶었다. 보드게임을 가르치는 곳을 찾았다. 관심이 있으면 찾을 때까지 포기하지 않게 되고, 결국 작은 것이라도 눈에 띄기 마련이었다. 스치듯이 서울에서 보드게임 지도사 과정이 있는 것을 찾았다. 하필 시험 기간이라 시간을 빼는 것이 어려웠다. 포기해야 하나 싶었지만, 하고 싶은 마음에 학원 부원장에게 사정을 말했다. 수학 수업에 정말 도움이 되는 과정이라고 소리 높여 말했다. 부원장은 정말 도움이 되는 거냐고 몇 번을 물었고, 난 그때마다 그렇다고 답했다. 결국 부원장은 토요일 수업을 대신해 주겠다고 했고, 난 보드게임 지도사가 되었다.

지금은 보드게임이 영재교육이나, 사고력 수업의 한 부분으로 인기가 많다. 나는 보드게임을 수학을 위한 도구로 배웠고, 그렇게 활용했다. 그러나, 보드게임은 수학으로만 묶기에는 아까운 교구였다. 곱셈과 덧셈을 하기 위해 했던 보드게임 '마헤'는 인도양에 있는 셰이셜공화국의 섬 이름으로 거북이가 산란하러 오는 곳이라고 했다. '마라케시'는 양탄자를 땅에 깔아 땅의 넓이만큼 점수를 받는 게임이다. 측정에 대한 게임이지만 아프리카 모로코의 한 도시 이름이다. 게임을 하면서 그 도시가 있는 나라의 문화를 알아보게 되었다. '잉카의 황금', '아즈텍' 같은 게임은 세계사의 이야기를 재밌게 들려줄 수 있었다. 아이들과 융합 수업을 하기에 이만한 교구가 또 있을까?

　수학을 넘어서는 보드게임을 생각하고 있을 때 돌봄교실에서 보드게임 강의를 하게 되었다. 20명 정도 되는 아이들이 기다리고 있던 곳에 보드게임 초보 강사인 내가 갔다. 초보인 나처럼 아이들도 보드게임이 무엇인지 잘 모르는 초보였다. 아이들의 수준에 맞춰서 강의할 생각도 못 했다. 내가 알고 있는 보드게임, 내가 가지고 갈 수 있는 게임으로 수업을 진행했다. 게임 설명은 처음부터 끝까지 잘못 가르치면 안 될 것처럼 했다. 그렇게, 지식을 가르치듯 아이들에게 설명했고, 정확한 규칙대로만 게임하게 했다. 아이들 수준에 맞춰서 게임 방법을 수정하고, 쉬운 방법부터 어려운 방법까지 쪼개서 단계적으로 설명하는 지금의 수업방식과 비교되는 형편없는 방법이었다. 초보 선생님의 어려운 설명에도 아이들은 정말 재밌게 게임을 했다. 교실이 떠내려갈 듯이 소리를 지르기도 했다. 상기된 빨간 볼과 웃음을 머금고 나를 쳐다보는 초롱초롱한 눈빛의 아이들에게 난 날마다 반했다. 아이들의 좋아서 지르는 소리가 다른 교실에 방해가 될까 두려우면서도 즐거웠다. 그 시간들 속의 아이들의 표정이, 나를 보드게임 강사의 길로 가게 하는 원동력이 되었다.

　나의 이력서는 작은 학원의 수학강사를 바라면서 썼다. 수학강사 시절 수학에 활용하기 위해 배웠던 보드게임은 나의 길을 더 확장하게 했다. 그때 내가 보드게임을 배우러 갔던 것처럼 요즘은 또 다른 것들을 배워나간다. 수강생들에게 보드게임과 함께 하면 좋을 것 같은 것들. 그래비트랙스, 큐브, 체스 등을 배우고 교수법을 연구했다. 보드게임이라는 큰 줄기에 가는 줄기들이 파생되어 붙었다. 배우는 것과 함께 나는 다른 보드게임 강사들의 강의도 들었다. 다양한 보드게임 관련 책과 아이들 감성에 관한 책도 읽었다. 강사라는 직업은 이렇게 수강생들과 소통하고 그들에게 필요한 것을 제공하기 위해 끊임없이 자신의 역량을 키워가야 하는 직업이다.
　도도새 이야기를 다시 하고 싶다. 난 강사가 된 이야기를 준비하면서 도도새 이야기를 읽었다. 자신의 역량을 스스로 키워나가야 하는 강사의 길을 도도새와 엮고 싶었는지도 모르겠다. 어쩌면 독수리와 대적할 수 있었을 지도 모르는 새. 도도새의 날개가 안타까웠다. 나는 알고 있다. 강사는 절대 도도새처럼 자신의 날개를 잃은 일은 없을 것이다. 그들은 언제나 멀리, 오래 날기 위해 끊임없이 날개를 갈고 다듬고 있기 때문이다. 그 힘이 자신의 분야에서 파생한 작은 가지들을 길러낸다. 그 가지들로 인해 강의는 더욱 풍성해지고 깊어지고 다양해진다. 그 힘으로 더 많은 기회를 찾아 날아오를 것이다. 힘차게 땅을 박차고.

2

당신 존재만으로
충분히 빛난다

난 지인의 소개로 돌봄 교실에서 보드게임 수업을 하게 되었다. 내가 사는 지역에서는 보드게임이 게임이라는 이유로 학교나 도서관에서 프로그램으로 받아주지 않았던 때이다. 그 후, 2년쯤 지났을까? 전국적으로 보드게임 붐이 일어났다. 대형 보드게임 회사에서는 보드게임 자격증 과정을 열어 강사들을 배출했다. 각 지역에서도 선배 보드게임 강사들은 각자의 능력대로 보드게임 강사들을 길러냈다. 그 후, 많은 기관에서 보드게임 수업이 진행되고 있다. 학교에서도 방과 후와 돌봄 교실에서 보드게임 강사를 많이 뽑기 시작했다. 그 때 난 수학을 가르치고 있어서 보드게임 수업을 할 시간이 충분하지는 않았다. 최대한 내 수업 시간과 겹치지 않은 토요일이나 방학 동안 특강을 찾아 지원서를 작성했다. 서류에서 떨어지기도 했고, 면접에서 떨어진 경우도 많았다. 내게 지원서를 내는 것은 항상 용기가 필요했다. 지원서를 내기도 전에 떨어질 것 같았고, 떨어지면 창피할 것 같았다. 그 걱정에 발걸음을 돌리거나 바쁘다는 핑계로 서류 내는 것을 포기하기도 했다. 처음에는 초보라서, 면접에 몇 번 떨어지고 나니 면접이 두려워서 지원서를 내는 것이 무서웠다.

한 번은 오전에 수업할 수 있는 보드게임 강의가 있어서 지원서를 냈다. 오후에 하는 강의가 대부분인 내게, 시간으로도 오전 강의는 좋은 조건이었다. 서류에 합격했다. 보드게임 강사로는 두 번째 순서로 면접에 들어갔다. 면접관들이 앉은 곳에서 조금 떨어진 곳에 있는 의자에 내가 앉았다. 이제 면접관들의 질문이 있을 것이라는 내 예상과는 달리 면접관석은 조용했다. 그들과 내가 잠깐 얼굴만 쳐다보는 시간, 침묵의 시간이 있었다. 무슨 일인가 싶어 내 눈은 면접관들을 주시했고, 그들도 서로 질문을 하지 않았다는 것에 당황한 것 같았다. 그 순간 난 '내정자'라는 단어를 떠올렸고, 동시에 면접관 한 명이 내게 자기소개를 하라고 했다. 자기소개를 어떻게 했는지, 어떤 마음으로 했는지 기억에는 남아 있지 않다. 자기소개만 하고 돌아서 나와 집으로 왔다. 그 후, 1번으로 면접을 보았던 강사에게는 "수업하면서 불편한 점 없냐?"라고 질문했다는 소식을 누군가에게 전해 들었다.

이후로 그 기관에 지원서를 내지 않았다. 내가 지원을 해도, 계속 그 강사를 채용할 것이라고 생각했다. 난 그 면접관들을 탓했다. 아무리 내정자가 있었어도 면접 보러 온 사람에게 그렇게 행동한 것은 잘못이었다. 몇 년 후, 면접관들이 그랬다고 다음부터 지원하지 않은 나 역시도 잘못된 행동이었음을 깨달았다. 내정자가 있을 수는 있다. 하지만, 내가 정말 하고 싶었던 수업이었다면 계속 지원을 했어야 했다. 몇 번을 떨어지더라도 말이다. 내 능력이 부족했다면, 내 역량을 키워서 지원했어야 했다.

다른 강사들과 이야기를 나누다가 나와 같은 경험을 한 강사의 질문을 받았다. 면접관이 질문하지 않아서 잠깐 앉아 있었다고, 다음에는 어떻게 해야 할지 모르겠다고 했다. 난 다음에도 꼭 지원하라고 했다. 내정자가 있었는데도, 자신이 합격했다는 강사들 이야기도 많이 들었기 때문이다. 이젠 내정자가 있다는 말에 미리 겁을 먹지 않아도 된다. 어떤 경우에든 자신만의 능력을 보여주면 면접관들이 그 능력을 알아볼 것이다. 그 능력으로 인해 당신은 충분히 빛날 것이다. 우리는 이런 과정을 즐겨야 하는 강사인 것이다. 수업 요청이 따로 들어오지 않는 한 강사들은 경쟁해야 한다. 그 경쟁을 두려워한다면 강사는 절대 앞으로 나갈 수가 없다. 어떤 두려움이 있든지, 면접에서 계속 떨어져도 계속 도전하기를 바란다.

보드게임 지도사로 산 지도 이젠 10년이 되었다. 일반 회사에서 10년 경력이면 이젠 과장이나 팀장을 해야 하는 중간 간부 정도 될까? 일 년 전 이 정도의 경력이면 이젠 넓은 곳에서 강의를 진행해야 하지 않냐는 말을 들었다. 주위를 둘러보니 다른 강사들은 어느 기업체 성인들을 대상으로 강의하고 있었다. 누군가는 아동학대 예방센터 상담사들을 교육하고, 누군가는 실버보드게임 지도사를 배출하고 있었다. 나는 무엇을 하고 있는가? 나는 아직 그 자리에서 있었다. 내가 해야 할 수업을 했고, 빈 시간에 들어오는 특강만 진행했다. 하고 있던 수업들과 시간이 겹쳐서 해보지 못했던 강의도 떠올랐다. 속상한 마음에 지금 내가 하고 있는 이 일을 놓아야 하나 심각하게 고민을 했다. 10년이라는 세월 동안 나는 하나도 변하지 않았다고 생각했다. 한 분야에서 오랫동안 강의를 하다 보니 내가 정체되어 있다는 느낌이 들었다. 이제 내가 하는 수업이 하찮게 느껴졌다. 그러다가, 우연히 어떤 분의 문자가 나를 돌아보게 했다.

"수고스럽지만 다음 세대를 위해 해주시라고 다시 한번 부탁드립니다."

보드게임 수업에 대한 내용은 아니었다. 하지만, 이 문자를 보는데 내가 하고 있던 고민이 모두 사라졌다. 맞다. 난 미래의 인재들을 길러내고 있었고, 무엇보다 이 일을 좋아했다. 기관에서 들어오는 특강은 말 그대로 특강이다. 하지만, 난 수강생들을 일 년 이상을 지켜보는 수업을 진행한다. 커가는 과정을, 변하는 과정을 지켜본다. 누군가에게는 어린이들을 상대로 수업하는 것은 하찮은 일일지 모르지만 내게는 무엇보다 대단한 일이었다. 나는 우리나라의 미래는 아이들에게 있다고 믿는다. 나는 아이들이 보드게임을 하면서 짓는 표정을 보면서 행복을 느끼고, 그들의 성장을 지켜보는 것이 즐겁다. 강사를 하면서 찾아오는 정체기나, 슬럼프는 다른 강사와 비교하면서 생긴다. 이럴 때는 처음 가졌던 마음을 되새겨 보라. 내가 왜 강의를 시작했는지, 어떨 때 행복했고 즐거웠는지 생각해 보라.

난 10년 동안 다양한 사람들을 만났다. 평범한 어린이들을 많이 만나기는 했지만, 요양원이나 주간보호센터의 노인들도, 보드게임을 좋아하는 성인들도, 자격증 과정을 듣는 강사들에게도 난 강사였다. 돌아보니 난 10년 전의 내 모습이 아니었다. 훨씬 더 많은 게임을 알고 많이 활용할 수 있으며 어떤 게임이든 다른 방법으로도 변형할 수 있다. 누구든, 어떤 대상이든, 난 그들에게 맞는 게임 방법으로 수업을 진행할 수도 있다. 다른 교구들과 접목하여 수업에 활용하기도 했다. 난 생각했던 것보다 더 많이 발전했고, 나라는 존재만으로 충분히 빛나고 있었다.

살아가면서 또 얼마나 많은 순간 다른 사람과 나를 비교하게 될까? 다른 사람이 보았을 때 내 일이 하찮게 보일 수도 있다. 하지만 잊지 말아라. 자신의 일을 하찮은 일로 만들지, 대단한 일로 만들지는 스스로 정한다. 성당을 짓는 벽돌공들 이야기처럼 자신이 그냥 벽돌로 성당을 쌓는 일당 받는 일꾼일 수도 있고, 아름다운 성당을 짓는 위대한 일을 하는 사람일 수도 있다. 강사라면 아름다운 성당을 짓는 위대한 일을 하는 사람이어야 한다. 자신은 전문 강사임을 잊지 말아야 한다. 그 분야에서는 최고라는 생각으로 살아야 한다. 이젠 경력도 제법 있지만 나는 여전히 지원서를 작성하고 면접을 보는 것이 두렵다. 나만 그런 것이 아니다. 누구에게나 떨어지는 것은 싫고, 면접은 쉬워지지 않는다. 인정하고 그래도 해야 할 일이라면 최선을 다하면 된다. 자신감을 가지고 당당히 맞서라. 그리고, 절대 잊지 말아라.

지원해서 떨어진 그 순간에도, 면접에서 떨어졌어도 우리는 여전히 강사이다. 당신 존재만으로 충분히 빛나는 강사이다.

3

자신만의 강의 차별화가
필요하다면 만들어라

"이 수업에서 선생님만의 차별성은 무엇인가요?"

강사를 모집하는 면접에 가면 가끔 이런 질문을 받는다. 처음 이 질문을 받았을 때 무척 당황했다. 보드게임 강사는 누구나 다 같이 게임 설명을 하고 게임을 할 텐데 특별한 특징이 무엇일까? 아무리 생각해도 떠오르지 않았고, 적당히 얼버무렸다. 나는 내가 강사로서 유능하다고 생각하지 않았다. 아니 그 반대로 다른 사람보다 부족해 보였다. 처음에는 보드게임도 잘 모르던 초보여서 그렇다고 해도 기간이 지났는데도 자신감은 쉽게 생기지 않았다. 어떤 수업이든지 끝난 후에는 잘못했거나 부족했던 부분만 떠올랐다. 그 부분을 채우기 위해 부단히 노력했지만 쉽게 해소되지 않았다.

수업하는 기간이 많아지면서 수업에 대한 원칙이 세워졌다. 그 원칙을 내가 수업을 잘 이끌어 갈 수 있는 방향을 제시했다. 보드게임 선정도 재미와 교육 두 가지를 모두 보기로 했다. 수업 중 게임하는 학습자들 모두 각

각 반응을 살피기로 했다. 아이들이 할 수 있는 것을 스스로 하게 했다. 카드를 나눠주는 것도, 주사위를 던지는 것도, 말을 이동시키는 것도, 나중에 정리하는 것까지 모두 아이들의 몫이었다. 게임에서 졌더라도 절대 포기하지 못하게 했다. 말은 부드럽고 친절하지만 단호하게 했다. 매일 지켜지지는 않았지만 무슨 일이 생기면 원칙대로 했다.

코로나가 한창이던 시절, 수업이 중단되었다. 나중에 다시 시작하기는 했지만, 아이들이 줄었고, 강의시간이 줄어 수입도 줄었다. 많은 강사들이 오전에는 코로나 지킴이로, 오후에 수업으로 바쁘던 때였다. 난 알지 못해서도, 하지 못해서도 못한 일들을 하는 그들이 부러웠다. 부러움이라는 마음은 자신을 발전시킬 수 있는 원동력이 되기도 하지만, 자존감을 끌어내리기도 했다. 난 일이 없어지자 마음도 자꾸 가라앉았고 의욕도 사라지고 있었다. 그런 마음으로 길을 걷는데, 햇살이 따뜻하고 좋았다. 내가 나를 잡아먹고 있다고 느꼈다. 지금 이 시간을 나를 위한 시간으로 써야겠다는 생각이 들었다. 매일 거울 속에서 뚱뚱해져 가는 내 모습이 싫었다. 다이어트를 결심했다. 미워 보였던 내 모습이었다면 바꾸면 될 일이었다. 배우는 것도 많아졌고, 자료도 많이 만들었다. 시간만 남으면 어떻게 수업해야 할지 계획을 짰다. 살이 원하는 대로 빠지자, 내가 하고자 하는 일은 해낼 수 있다는 생각도 갖게 했다. 이제 시간이 날 때마다 책을 읽고 관련된 교육을 들었다. 그때의 시간이 강사로서의 내게 득이 되는 기간이었다. 그때의 습관과 마음 다스림이 계속 이어졌기 때문이다. 그때부터 난 특강이 없거나 혹시 다른 일로 수업이 없다면, 내가 지금 할 수 있는 일을 찾았다. 다른 사람이 부럽다면 마음을 감추지 않고 부러워했다. 대신 그 부러움이 나를 끌어내리지 않고 발전시킬 수 있는 힘이 되게 했다. 이제 내게는 강의를 하는 시간도 중요하지만 쉬는 시간도 내 역량을 높일 수 있는 시간이었다. 내게는 나의 모든 시간이 소중했다.

나만의 차별화인데, 처음은 의도적으로 답변을 만들었다. 진정한 차별화는 시간이 지나면서 만들어졌다. 보드게임 수업을 진행하다 보니 문제점이 보였다. 수업하고 나서 10분 정도 시간이 어중간하게 남았다. 아무리 게임 시간이 짧은 게임도 다시 시작하기 애매한 시간이었다. 게임이 끝났다고 수업 시간은 끝난 게 아니니, 그 시간을 아이들과 보낼만한 것이 필요했다. 그렇게 만들어진 게 틈새 보드게임이었다. 현재 하는 보드게임을 조금 변형했다. 같은 그림을 찾는 '쌍둥이 찾기'처럼 매우 간단한 게임을 활용했다. 아이들이 도움이 되고 좋아할 만한 퍼즐이나 교구도 직접 만들었다. 나중에 할 게임을 미리 조금씩 연습하기 위해 남은 시간을 활용하기도 했다. '폴드-잇'이라고 손수건 접기 게임을 익숙하게 하기 위해 날마다 수건을 가지고 다녔다.

남들이 즐기는 온라인 쇼핑을 나는 보드게임 판매 사이트에서 했다. 새로 나온 게임들도 보고 미처 못 보고 지나친 게임은 있는지도 살폈다. 특이

한 경험을 해줄 수 있는 게임이 있는가도 중요했다. 명화를 입힌 '도우도우 메모리' 게임을 처음 본 순간 예쁘다는 느낌과 함께 아이들의 창의성에 도움이 되겠다는 생각이 같이 들었다. 게임 방법은 흔한 기억력 게임이었는데 명화를 색다르게 변형해서 눈에 띄었다. 아무리 좋아도 변형된 명화를 보여주기 전에 원작 명화를 보여줘야 했다. 원작 명화 그림을 보여주기 위해 필요한 게임이나 자료를 찾았지만 없었다. 방법을 찾아야 했다. 결국 내가 명화 카드를 직접 만들기로 했다. 컴퓨터 앞에 앉아 며칠 동안 작업해서 내가 원하는 명화 카드를 만들었다. 그렇게 수강생들은, 내가 계획한 대로 원작을 이용한 게임을 먼저 하고, 변형된 그림의 '도우도우 메모리' 게임을 했다. 이 게임을 하던 날, 명화와 달라진 그림들을 자세하게 보며 이야기를 나누는 아이들을 보면서 내가 참 대단하다는 생각을 하게 되었다.

난 1인 퍼즐 게임도 좋아해서 수업에 자주 활용한다. 문제는 많이 필요하다는 것이다. 16인이 게임할 때는 16개가 필요하다. 모두 사면 좋겠지만, 경비가 만만치가 않다. 꼭 해주고 싶다는 생각이 들면, 다른 도구로 변형할 방법을 찾는다. 결국 바둑돌이나 색깔 칩 같은 것을 이용하고, 부족한 것은 직접 만든다. 16명 이상의 아이들이 각자 혼자 앉아 퍼즐을 푸는 모습을 지켜보면 그동안 애쓴 내가 또 대견스럽다. 내 수업의 차별화가 이렇게 만들어졌다. 몇 년 동안 틈틈이 만든 1인 게임, 틈새 게임, 그리고 본 게임을 하기 위해 만든 확장 게임들이 내 수업의 차별화가 되었다. 처음에는 아이들에게 해주고 싶은 마음 때문에 만들었는데, 이게 나의 강점이 된 것이다.

이젠 난 내가 만든 자료를 들고 면접에 들어간다.

    자신만의 차별성 있는 수업방식은 누구에게나 있다. 모두 같을 것으로 생각했던 예전의 내 생각은 틀렸다. 누구나 초보 시절은 있고, 그때에도 우리는 각자만의 독특한 방식으로 수업을 한다. 단지 처음은 뚜렷하게 자신의 장점을 드러나지 않을 뿐이다. 아직 전문가의 물이 들지 않은 것이다. 그러다가 어느 순간 다른 강사들과 다른 자신만의 수업이 생기기도 하고 만들어 내기도 한다. 그때까지 시간이 필요하다. 전문 강사는 그 분야에 시간을 많이 들이고 끊임없이 연구한 강사인 것이다.

    부산에 사는 A 강사는 코딩 강사였다. 보드게임 강사 경력 1년이 되기도 전에 나와 만났다. 보드게임도 많이 모르고 있었지만, 자신이 할 수 있는 것은 열심히 알려주고 모르는 것은 적극적으로 물어 자신의 능력을 키웠다. 가끔 코딩으로 카드 게임을 화면에서 할 수 있도록 만들어 활용하기도 했다. 그녀는 얼마 전부터 그림책을 활용한 보드게임을 하고 싶어 했다. 그 수업을 하기 위해 필요한 교육을 받았다. 지금은 책놀이로 보드게임 수업을 하고 있다. 동해에 사는 B 강사는 전직 레크리에이션 강사였다. 보드게임하기 전에 손 유희나 재미있는 동작으로 몰랐던 사람들과도 금방 친해지게 만드는 마법 같은 수업방식을 가지고 있다. 나도 B 강사에게 배워서 내 수업에 활용해 보았지만 그 강사가 한 만큼의 반응은 생기지 않는다. 그건 나보다 그 강사가 훨씬 놀이 보드게임에 더 전문적이기 때문이다. 두 명의 강사만 이야기를 했지만 내가 아는 많은 강사들은 자신만의 방식으로 수업을 진행한다. 우리는 그 강사의 사례를 듣고 그 수업방식을 베끼기도 하고 자신만의 방법으로 바꾸기도 한다. 이런 경우 처음에는 몸에 익숙하지 않아 서툴지만 금방 또 내 것이 된다.

강의란 그런 것이다. 노력한 만큼 빛을 보는 것이다. 하고 싶은 것이 있다면, 수업을 하기 위해 필요한 것이 있다면 하면 된다. 안 된다는 생각을 하지 않고 할 수 있는 방법을 찾다 보면 어느 순간 답이 보인다. 강의하는 중간에 강의가 없어도 그 시간 역시 강의하는 시간과 같다. 그때 자신의 강의력을 더 높일 수 있는 시간이기 때문이다. 그 시간에 자신만의 차별화가 만들어질 것이다. 강사가 되고 싶은가? 아니면 시작을 해보고 싶은데 초보라서 겁이 나는가? 해보고 싶다면 하면 된다. 혹시 뜻대로 되지 않아 잠깐 머무를 수도 있다. 그 시간에 다른 생각을 하지 말고 오직 강의와 자신을 위해 써라. 절대 그 시간은 배신하지 않을 것이다. 그 시간들이 모이면 분명히 당신도 당신만의 숨겨진 재능을 발견할 것이다. 그것은 수업하는 과정에 나타날 것이고 그 장점을 최대한 활용해서 당신만의 독특한 수업방식을 만들 수 있을 것이다. 자, 이젠 할 수 있는 방법을 찾아 앞으로 전진이다.

4

모두가 행복한 시간이
되기를 바란다

　난 일 년 정도 이어지는 강의 중간에 특강을 요청받아 진행하는 경우가
있다. 성인들을 대상인 자격증 과정이기도 하고, 학교에서 요청한 과정이
기도 한다. 이런 특강들은 5회나 10회 정도 되는 데, 그동안에 하던 생활
패턴에서 조금 벗어나 강의를 진행하게 된다. 예전부터 난 어떤 강의든 첫
강의 전까지 긴장을 많이 한다. 강의 자료를 만드는 내내 떨리는 마음을 진
정시키느라 주문을 건다. '내 강의는 모든 사람들을 행복하게 할 것이고 끝
난 후에도 기억에 남을 것이다.'

　나뿐 아니라 모든 강사들은 강의와 관련된 모든 사람들이 만족하는 강의
를 하고 싶어 한다. 자신도 즐겁고, 듣는 사람도 즐겁고, 그 강의를 위해 뒤
에서 준비하는 사람들에게도 보답이 되기를 바란다. 특히 기관에서 요청해
서 들어가는 강의인 경우 난 담당자에게도 좋은 인상을 남기고 싶어 한다.
'다음에 또 불러주세요.' 뭐 이런 마음이랄까? 그래서 더욱 긴장을 하는 것
인지도 모른다. 강의 도중 혹시 일어날 돌발 상황에도 민첩하게 반응하기

위해 준비한다.

첫 강의 날 강의장에 들어가면서 긴장이 최고치가 되지만, 막상 강의가 시작되면 모든 걸 잊게 된다. 내가 마음도 풀리고 현장 분위기도 익숙해지면, 어떤 방향으로 진행을 할지 방향이 잡힌다. 준비하는 과정의 그 긴장감이 강의하는 내내 이어졌다면, 지금의 나는 강사가 아닌 다른 길을 가고 있을 것이다.

이번 여름방학에는 학교에서 복지수업으로 초등학생 4학년 이상 특강을 진행했다. 처음에는 긴장과 불안으로 시작했지만, 웃고 떠드는 수강생들 속에서 행복한 순간이 많았다. 10일 동안, 아침 9시부터 시작하는 수업에 수강생들은 특별한 경우를 제외하고는 거의 출석했다. 마지막 수업이 끝나고, 담당선생님이 강의평가 설문지를 가져오셨다. 설문지를 작성하는 수강생들의 필기구 끝으로 내 시선이 갔다. 그게 불편해 뒤돌아서서 내 일을 했다. 마음이야 모두 최고 높은 점수가 나오면 좋겠지만 그건 수강생들의 몫이었다. 조금 후 들리는 말에 난 슬며시 웃었다.

"'시간을 늘려주세요.'라고 쓸까?"

건의 사항에 무언가를 적을까 고민하던 수강생이 친구에게 하는 말이었다. 이 말에 혼자 실실 웃으면서, 설문지 점수에 의연해지기로 했다. 강의 중 수강생들은 내 옆에서 충분히 재잘거렸고, 게임하면서 크게 웃었고, 이기려고 노력했다. 그것으로 되었다. 나 역시 충분히 행복했다. 내가 바라는 강의인 것이다.

"선생님. 이번에는 우리 먼저 주세요. 우리가 가장 먼저 정리했어요."

어린 아이들의 수업인 경우에는 수업이 끝나고 보드게임 정리를 하면, 가끔 사탕이나 젤리를 준다. 종류가 여러 가지인 경우, 골라 먹기 위해 자기네 모둠 먼저 주라고 한다. 넉넉하게 가져왔으니 나중에 골라도 먹고 싶은 것을 고를 수 있을 거라고 말해도, 아이들은 절대 안 된단다. 결국 사탕을 모둠장의 가위바위보로 이긴 모둠부터 가져가기로 했다. 그런데, 올림픽 금메달 결정전만큼이나 반응이 뜨겁다. 옆에서 그 모습을 지켜보는 나는 아이들의 행동이 쓸데없는 일인 것 같다. 한편으로는 사탕 먼저 먹기 쟁탈전을 벌이는 그들이 부럽다. 그런 아이들을 보면서 난 다시 한 번 내가 아직 강사인 이유를 찾는다. 난 이렇게 열정으로 가득 찬 강의장의 분위기를 정말 좋아한다. 아이이든 성인이든 모든 강의에 수강생들이 게임판을 앞에 두고 앉아 집중하는 모습이 좋다. 집중할 때 누군가는 잔뜩 찡그리고 누군가는 계속 말을 한다. 자신이 할 수 있는 최선의 선택을 하려고 생각에 생각을 거듭하는 모습이 보인다. 그들의 뇌와 눈동자가 움직인다는 착각이 들 정도이다. 가끔은 방금 했던 선택을 후회하고, 다음 기회에 만회해 간다. 그런 과정들 속에서 나오는 대화들을 지켜보는 것을 난 좋아한다. 그들에게 '당신은 지금 행복하십니까? 즐거우십니까?' 묻지 않았지만, 그들의 상기된 표정에서 즐거움을 느끼면 나 역시 같이 즐거움을 느낀다. 수강생들은 승리할 때는 승리한 대로, 패배할 때는 패배한 대로 그 강의장을 열기로 채운다.

이런 행복한 시간은 그냥 만들어지는 것은 아니다. 수강생들끼리 게임을 하면서 지켜야 할 예의와 약속을 잘 지켜야 한다. 성인들이야 말을 안 해도 스스로 자신을 다스리지만, 아이들은 다르다. 특히 지고 이기는 과정이 있는 보드게임 시간은 말로 인해 싸움이 일어나기도 한다. 승리했을 때는 마냥 즐겁지만, 지면 내 마음이 뜻대로 되지 않고 자꾸 심술을 부린다. 가벼운 말에도 얼굴을 붉힌다. 그냥 승리한 사람은 기분이 좋아 웃었을 뿐인데도, 진 아이들은 친구들이 놀렸다고 말한다. "○○이가 졌다고 놀려요!" 라고 화를 내거나 울먹이며 말한다. '싸우지 않아요. 던지지 않아요. 바른 말 고운 말 사용해요.' 아이들은 한동안 이 말을 자주 듣는다. 너와 내가 모두 행복해지려면 자기만을 위한 시간이 되면 안 되는 것이다. 모두 즐겁고 행복하려면 같이 노력해야 하는 것이다.

예의와 약속 지키기는 강사인 내게도 적용되는 말이다. 강사인 나와 수강생은 서로 상부상조하는 동료이다. 그들은 내게 VIP 고객이기도 한다. 성인들 수업에서는 절대 이 마음을 잊지 않지만, 아이들과 수업할 때에는 때때로 잊는다. 내가 나이가 많고 아이들이 어리다는 생각이 들어서이다. 가끔 내 목소리가 높아지기도 한다. 수업 후 보드게임을 정리할 때 던지듯이 집어넣는, 아니 자주 그러는 아이 보고 말투가 날카롭게 나가기도 한다. "교구 던지지 마세요!"라고. 성인 수업이었다면 천 번이든 만 번이든 부드럽게 말했을 것이다. 아이들에게 큰 소리로 말했을 때, 순간 나도 깜짝 놀란다. 나의 큰소리를 누가 들었다면 어쩔 뻔했는가 고민이 되고 바로 반성한다. 난 모든 강의를 특히 아이들이 대상일 경우는, 누군가가 지켜보고 있다고 생각하면서 진행한다.

내 교실에는 두 손을 허리에 두고 있는 플라스틱 늑대 인형이 있다. 두 눈이 커다랗게 부릅뜨고 있는 인형이다. 그 눈에 CCTV를 설치한 것처럼 보여 누군가를 감시하는 모습이다. 그 인형에 '엄마가 보고 있다!'라고 포스트잇으로 적어 붙여 놓았다. 이 인형을 본 아이들은 자기들 보라고 만들어 두었다고 생각한다. 엄마가 보고 있으니 공부 열심히 하라는 의미라는 것이다. 이건 아이들의 오해이고, 이 인형은 나를 위해 만들었다. 가끔 내 말이 아이들에게 친절하지 않을까봐 나 스스로 아이들의 엄마가 보고 있다는 생각을 갖기 위해 만든 것이다. 아이들이 어리다고 함부로 말하지 말고 존중하라는 의미이기도 하다.

나나 수강생들은 모두 서로가 필요해서 그 자리에 있다. 수강생들은 그들이 원하는 욕구가 있다. 성인들도 각자의 이유로 그 자리에 앉아 있을 것이고 아이들도 수업이지만 하고 싶어서, 또는 해야 하니까 앉아 있을 것이다. 강의는 수강생들의 호기심이 생기도록 해야 하고, 쌍방향의 소통이 일어나야 하며, 강의 후에도 좋은 기억으로 남아야 한다. 그렇게 되기 위한 시작은 수강생들을 존중하는 마음이고, 그 다음은 강의하는 시간이 즐거워야 한다. 강사의 즐겁고 행복한 표정은 수강생들에게 전염이 된다. 수강생들의 웃음 섞인 표정은 다시 강사의 행복이 된다. 이렇게 강사와 수강생 모두 행복한 강의, 나는 항상 그런 강의를 꿈꾼다. 강의하는 나도, 수강생들도, 준비하는 과정 속에 있는 모든 사람들이 행복하기를 바란다.

5

내가 좋아하는 세상으로
들어오게 하라

"대체 왜 보드게임 이름이 아발론이지?"

'아발론'은 상대방 구슬을 게임판 밖으로 밀어내는 게임이다. 강의에 필
요한 자료를 준비하던 중에 왜 이름이 'abalone'[1]인지 궁금해졌다. 영어 단
어로 무슨 뜻을 가지고 있을 것이라는 생각에, 검색창에 'abalone'이라고
썼더니 명사 '전복'이라고 나왔다. 상대방 구슬을 밖으로 밀어낸 것과 전복
은 무슨 관련이 있을까? 영어뿐 아니라 다른 나라 언어를 검색해 봤지만,
게임과 어울린 만한 내용을 찾을 수가 없었다. 이 게임을 만든 작가가 그냥
대충 이름을 지었을 리 없었지만 왜 아발론인지도 알 수 없었다. 그에 대
한 답은 조금 지난 후 보드게임 잡지에서 찾았다. 작가가 어떤 의도로 만들
었는지, 이름은 어떻게 지어졌는지 적혀 있었다. 구슬이 모여 있을수록 큰
힘을 발휘해서 상대방을 공격하기도, 수비하기도 쉬운 게임의 특징을 잘

1　아발론이라는 이름은 'ab(~이지 않은)'의 뜻을 가진 라틴어 접두사와 영어 단어인 'alone(혼자)'을 합친 말이었다.

204　나는 진심을 전하는 강사입니다

나타내는 이름이었다. 이렇게 보드게임 이름과 관련한 에피소드는 내 수업의 중요한 재료가 된다. 수강생들의 흥미 유발에도 좋은 효과가 있었다.

'TV 프로그램에 자주 등장하는 보드게임 순위, 10년간 가장 많이 팔린 보드게임 순위, 한국에서 가장 많은 짝퉁이 만들어진 보드게임 순위, 이런 것들에 순위를 매긴다면 대부분의 경우 1위를 차지할 게임. 한국어판이 국내 출시된 이후 200만 개 이상 팔려나간 보드게임[2]'

위의 글에서 말하는 보드게임은 무엇일까? 중학생들 보드게임 수업에 들어가면 꼭 하자고 하는 게임이다. 보드게임 강사 입장에서는 흔한 게임이니까 수업에서는 활용하고 싶지 않지만 수강생들의 성화에 어쩔 수 없이 하는 게임, '할리갈리'이다. '같은 과일이 다섯 개가 되면 종을 친다.'라는 아주 간단한 게임인 '할리갈리'는 세상에서 가장 많이 팔린 게임이다. 모르는 사람이 거의 없다. 그러나 이름이 어떻게 탄생했는지 아는 사람은 많지 않을 것이다. 할리갈리는 정식 발매되기 전의 이름은 '테이크 파이브'였고, 1991년 정식 발매할 때의 이름은 '투티 프루티(tutti frutti)'였다. '투티 프루티'는 이탈리어로 '모든 과일'이라는 뜻을 가졌으니, '테이크 파이브'도 '투티 프루티'도 게임의 특징을 알 수 있는 이름이었다. '투티 프루티'라는 이름으로 판매를 시작했던 게임은, 이름에 대한 로열티를 지급해야 하는 상황이

2   https://blog.naver.com/kboardgame/220884932792(코리아보드게임즈 보드게임이야기) 2016.12.14

생겨 '할리갈리'로 개명을 했다. 독일에서 '할리갈리'라는 말은 즐거운 분위기, 액션 등을 의미하는 말로 쓰인다고 한다. 할리갈리 게임을 해 본 사람이면 이 이름 역시 잘 어울린다고 생각할 것이다.[3]

난 보드게임에 대한 에피소드를 게임을 하기 전이나 게임이 마무리되면서 수강생들에게 해준다. 가끔 박스를 보여주고 이름 부분을 가린 채 게임 이름을 맞추는 놀이를 해보기도 한다. 그림책의 제목을 맞추는 것처럼. 보드게임에 얽힌 이야기를 해주면 더욱 집중하게 된다. 무엇보다 왜 이런 이름이 지어졌는지 알려주는 것은 아이들이 다양한 이름 짓기에 도움이 된다. 어떤 사물이든, 아니면 모임이든, 닉네임을 지을 때도 우리는 아무렇게나 짓지는 않는다. 나름으로 열심히 무언가에 대한 의미를 찾아서 이름을 짓는다. 하물며 너희들 이름도 그렇게 지어졌을 것이라는 부모님의 마음도 뜬금없이 전한다.

어디 이름만 흥미로운가? 이 보드게임이 어떻게 만들어지게 되었는지에 대한 이야기도 즐겁다. 특히 게임 방법이 매우 특이한 경우, 지금은 흔하지만 그때는 새로운 도전이었던 게임이라든지, 아니면 게임을 만들어지게 된 배경을 찾아 헤맨다. 군대에서 식탁을 닦다가 아이디어를 얻어 만들어진 '폴드-잇', 여행 중에 만난 그 도시의 특징을 보고 만들어 낸 '라보카' 등의

3   https://blog.naver.com/kboardgame/221309360077(코리아보드게임즈 보드게임이야기, 할리갈리, 얼마나 알고 계시나요?)

이야기는 할 때마다 내 가슴이 두근거린다. 남들과는 다른 생각을 하는 사람들의 아이디어를 간접적으로 가르쳐 준 것 같은 착각에 빠지기도 한다. 우리 어린 아이들이 살아갈 세상에는 남들이 안 한 것을 만들어 내는 능력인 창의력이 더 중요해진다고 한다. 어쩌면 이런 작은 이야기도 도움이 되지 않을까 싶은 마음이다.

　자격증 과정을 듣다가 보드게임을 만든 작가의 강의를 들은 적이 있다. 작가들은 하루의 거의 모든 시간을 보드게임 제작과 관련한 생각을 한다고 했다. 길을 걷다가 보이는 풍경으로, 식당에서 먹는 그 음식으로, 다른 사람들과 이야기하는 내용으로도 보드게임을 만들 아이디어를 찾아내기도 한다. 온통 그 생각뿐인 사람들은 그 생각에 어울리는 것이 떠오른다.　같은 것을 보고 아무 생각도 없이 지나치는 사람도 있지만, 누군가는 시를 짓고, 누군가는 노래를 만들고, 누군가는 그림을 그리고, 누군가는 보드게임을 만들어 낸다. 같은 세상을 보지만 모두 다른 세상인 것이다. 보드게임 개발만을 생각하는 사람에게 세상은 모든 것이 다 보드게임으로 개발할 수 있는 요소로 보일 것이다.

　나는 누군가가 만든 보드게임을 들고 수업하러 간다. 강사인 나는 하루 종일 주어진 보드게임으로 어떻게 강의를 시작해서 끝낼 것인지 과정을 머릿속에 그린다. 보드게임 수업은 게임만 하는 것이 아니다. 보드게임 속에 나오는 어떤 것과 연관된 지식도 같이 찾아서 이야기해 준다. 어려운 게임인데 어린 친구들과 하고 싶으면 조금 더 쉽게 접근할 수 있는 방법을 찾는다. 같은 게임을 십대, 노인, 성인 등 대상에 따라 게임방법을 설명하는 순서가 다르다. 어떻게 하면 쉽게 이해를 하고 즐겁게 게임을 할 수 있을까라는 생각을 끊임없이 한다.

강사는 자신의 강의 분야를 끊임없이 연구해야 하는 전문직이다. 어쩌면 그 분야에 미쳐야 한다. 내게는 보드게임이 그렇다. 최태성 저자의 『역사의 쓸모』를 읽으면서, 나도 이런 책을 내고 싶다는 생각을 했다. 내가 몰랐던 역사 속 이야기를 이 책을 통해 알게 되었다. 나도 최태성 작가처럼 남들이 모르는 보드게임 세상을 이야기해 주고 싶었다.

그 분야에 전문가라면 일반인이 모르는 것을 알고 있게 된다. 그게 바로 전문가만이 가질 수 있는 특별함이다. 보드게임 속에도 일반인들이 모르는 세상이 있다. 난 보드게임 속에 또 다른 세상을 전설의 이야기처럼 해주고 싶었다. 어떻게 이름을 만들었는지, 어떻게 이런 기발한 게임을 만들었는지, 이 게임 속에 등장하는 인물들이 중세 시대 실존 인물이었는지 등의 이야기였다. 도시의 풍경을 보면서 어떻게 보드게임으로 표현을 했는지도 같이 보여준다. 난 수강생들이 내 이야기를 듣고 내가 좋아하는 세상으로 같이 들어오기를 바란다. 내가 『역사의 쓸모』를 읽으면서 역사의 세계에 쏙 빠졌던 것처럼, 사람들이 보드게임 세계에 쏙 빠져들기를 바란다.

6

수강생과
함께 성장하는 길

초등학교 보드게임 수업에 갔을 때의 일이다. 2층에 있는 교실로 올라가고 있는데, 아이 한 명이 계단에서 나를 지나치면서 선생님이라고 불렀다. 내가 어디 가냐고 물으니 방과 후 간다고 했다. "조금 있다 봐요." 복도가 울릴 정도로 이렇게 큰 소리로 말하는 아이를 보니 저절로 미소가 지어졌다. 교실에 들어서니 한 아이의 외침이 들렸다. "왔다!" 그 말을 들은 담당 선생님이 오셨다고 말해야 한다고 아이에게 말했다. 하지만 난 그 '왔다!'가 반가움에 나온 말이라는 것을 알고 있다. 아이는 내가 오는 출입문 쪽을 계속 바라보고 있었을 것이다. 더 정확하게 말하면 나보다 내가 들고 온 가방에 든 보드게임을 기다렸을 것이다. 난 아이들이 보드게임을 기다린 것을 알지만 나를 좋아한다고 착각하고 살고 있다.

아이들은 보드게임을 좋아한다. 그렇다고 모두가 처음부터 좋아한 것은 아니다. 시간이 지나서 좋아하게 된 아이들도 있다. 입학한 지 며칠 되지 않은 1학년 A는 자주 머리가 아프다고 했다. 그것을 옆에서 듣고 있던 A의

짝꿍 B도 자기도 보드게임 안 하고 싶다고 했다. 마음이야 '그래 하지 마.' 라고도 하고 싶지만, 난 '이것도 수업이니 해야 한다.'고 말했다. 그렇게 이제 막 1학년이 되었던 A와 B는 날마다 나와 실랑이했다.

처음에 안 하고 싶다던 B는, 그 말이 무색할 만큼 게임을 할 때는 적극적이었다. 지켜보는 내가 느끼기에는, 강사의 반응을 보려고 저 말을 했나 싶을 정도였다. 결국 B는 몇 번의 수업을 이어가는 동안 안 하겠다는 말은 하지 않았다. A는 당일에 하는 게임에 따라 머리가 아팠다 안 아팠다 하는 과정을 거쳤다. 어느 순간 머리 아프다고 말하지 않았다. 그 후로 두 아이는 얼굴이 벌게지고, 목청껏 소리 지르면서 게임을 하게 되었다. 아이들은 그렇게 게임을 좋아하게 되었다.

보드게임 강사를 시작하면서 모임에 나가면 게임을 들고 다녔다. 독서 동아리에도, 친구네랑 여행을 갔을 때도 게임을 했다. 대부분의 사람은 이런 것은 처음 해본다고 하면서도 게임을 하면 웃고 떠들었다. 이렇게 웃어본 적은 오랜만이라고도 했다. 하지만, 내 친구 중 한 명은 자기는 게임은 못한다면서 절대 하지 않겠다고 했다. 친구를 생각하면 어린이 A와 B는 천만다행이었다.

어른들은 하기 싫은 것을 누가 강제로 시키지 못한다. 아이들은 학교에서 수업이라는 이름으로 하기 싫어도 해야 한다. 이게 아이들에게 또 다른 경험이 된다. 다양한 경험이 필요한 아이들은 이렇게 좋아하는 것도 싫어

하는 것도 하면서 자란다. 해보고 여전히 싫을 수도 있고 하다가 좋아할 수도 있다. 보드게임을 하는 것을 싫어했던 아이들이 적응해 가고, 좋아하게 되는 것도 강제로 경험해야 할 시간이 있었기 때문이다. 나도 살다가 보면 정말 하기 싫은 것이 있다. 예전에는 아예 시도조차 하지 않았을 일을 요즘은 해본다. 처음에는 싫었지만 적응해 가는 아이들과 성인인 친구가 비교된 후부터였다. 해봤는데 여전히 싫은 것은 중간에 그만두기도 한다. 의외로 재밌고 잘하는 것을 찾기도 한다. 이렇게 난 아이들을 통해 용기를 얻기도 한다.

난 보드게임 강사이지만 게임을 열심히 하지 않았다. 특히 질 것 같다는 생각이 드는 순간부터 대충 하기도 했다. 그러면서 알았다. 게임을 하다가 지겠다는 생각이 드는 순간 열심히 하려고 했던 마음이 사라진다는 것을. 가슴속에는 뭉쳐 있던 덩어리가, 머리에서는 뇌에서 느껴지는 탱탱함이 사라지고 흐물흐물해지는 것을 느꼈다. 그 질 것 같다는 생각이 얼마나 많은 의욕을 앗아가는지도 알았다. 그래서, 난 수강생들에게 그 마음을 먹지 않도록 했다. 끝날 때까지 절대 포기하지 않는 마음을 갖도록 했다.

초등 6학년 학생들을 데리고 퍼즐게임을 했을 때이다. 멀리서 보는데 A가 게임을 하는 모습이 수상쩍었다. 도형을 일정한 모양으로 빨리 맞추는 게임을 하던 중이었다. 조금 떨어진 곳에서 A를 지켜보았다. A는 같이 게임하는 아이들 틈에서, 게임판에 도형을 놓는 척하고만 있었다. 누군가 맞

취서 카드를 가져가면 바로 다음 카드를 보고 또 대충 놓는 척만 하는 A. A
도 이 게임을 시작했을 때는 열심히 했을 것이다. 하지만 중간에 열심히 해
도 친구들이 훨씬 빨라 자신은 해도 안 된다고 생각했을 것이다. 해서 어차
피 질 것 열심히 해서 뭐하나 생각을 했을 수도 있다. 맞다. 지켜보니 A는
분명히 이번 게임에서 꼴등일 확률이 높다. 그럼에도, 난 그 옆에서 서서 A
에게 말했다. 꼴등을 하더라도 지금은 열심히 할 때라고. 그리고 A 옆에서
도형을 맞출 때까지 지켜보았다.

　지는 순간에도 최선을 다하는 것과 그냥 대충 하는 것은 미래가 달라진
다. 지금 이 상태에서 하는 척만 해서 꼴등을 하는 것과 같은 꼴등이어도
시간을 조금 더 단축하기 위해 최선을 다한 것은 다르다. 최선을 다한 순간
은 성과가 있는 시간이다. 지금은 보이지 않지만, 미래의 자신에게는 주는
시간이다. 다음에도 여전히 꼴등을 할지, 아니면 지금은 꼴등이지만 다음
에는 잘할 것인지의 갈림길은 여기에 있다. 다른 사람은 잘하고 나는 못하
는데, 잘하려고 노력조차 하지 않는다면 결과는 너무 뻔하지 않은가.

　난 강사이기 때문에 보드게임을 통해 노력하면 언젠가는 분명하게 잘할
수 있다는 것을 수강생들에게 알려줄 필요가 있다. 현재 꼴등이 중요한 게
아니라 앞으로의 자신의 모습에 집중하게 해야 한다는 것도 말이다. 특히
한창 자라나는 아이들에게는, 미래의 자신을 위해 지금은 노력이 중요할
때이다. 이 노력에 따라 미래의 자신은 어떻게 변할지 아무도 모르는 것이
다. 아무것도 하지 않으면 아무런 변화가 없다는 것은 확실하지만 말이다.

이젠 제법 자란 6학년이어서 더욱 안타까웠던 이 아이는 예전 나의 모습이었다. 난 지는 순간에 안 하겠다고 하거나, 대충 하는 아이들을 보면서 나를 보았다. "어차피 질 건데요. 어차피 안 될 텐데요."라는 말하는 아이들을 보면서도 과거의 나를 떠올렸다. 안되거나 못할 것 같은 것은 미리 겁을 먹고 포기해 버렸던 나의 모습이었다. 그래서 더욱 끝까지 하도록 설득하고, 옆에서 용기를 북돋워 주려고 했다. "네가 자꾸 그런 말을 쓰니까 정말 안 되는 거야. 언젠가는 될 거야. 열심히 하면 언젠가는 돼."라고 끊임없이 말했다. 그런 내 노력에 아이들은 어려운 것도, 당장은 꼴등이지만 끝까지 하는 모습을 보여줬다. 그 아이들에게 이런 말을 하면서 나도 변했다. '그래, 지금은 내가 꼴등이어도, 내가 못 해도 지금 노력하면 언젠가는 빛을 볼 거야.' 이 말은 아이들에게 말하면서 내가 믿게 되었다. 아이들이 끝까지, 지고 있는 순간에도 점수 차를 줄이기 위해 노력하는 모습을 보면서 난 응원한다. 아이들이 어려운 것을 이겨내는 모습은 내 성장으로 이어졌다. 나도 내 속에서 자라는 어린 나를 키워냈다. 가슴속에 있던 끝이 없는 두려움들을 밀어냈다.

성인교육도 마찬가지였다. 각기 성격이 다른 사람들이 만나서 하는 게임 속에서 누군가는 부정적인 언어를 사용했다. "어째 나는 하는 것마다 이 모양이냐.", "하다하다 게임에서도 마음대로 되는 게 없네.", "나는 맨날 져." 이렇게 말하는 사람들을 본다. 아이 때 부정적인 아이가 성인이 되면서 갑자기 긍정적으로 바뀌지는 않는다. 긍정적인 어른이 되기 위해서는 부단한 노력이 필요한 것이다. 난 40대가 넘어서 긍정적인 언어, 안 되는 순간에도 최선을 다해야 한다는 것을 알게 되었다. 더 빨리 이런 마음을 가지지 못한 내가 안타까웠다.

난 아이들이 부정적인 어른이 되지 않기를 바랐다. 지금은 지고 있지만 언젠가는 이길 것이다. 어차피 안 되는 것은 없다고 끊임없이 아이들에게 말하는 이유이다. 어차피 질 거라고 말하면서 울었던 초등학생이, 어차피 질 게임에서 이겨 큰소리로 웃고 있는 모습을 보았다. 이제 마지막 한 번의 기회만 있다면서 거의 울상이었던 아이에게 난 '그 마지막 한 번이 기회일 수 있다'고 했다. 아직 끝나지 않았으니 최선을 다하라는 내 말에, 다시 게임을 시작을 했던 아이가 역전승을 하고 흥분해서 떠드는 모습을 보았다. 그 승리는 그 아이뿐 아니라 모두에게 긍정적인 피드백이 되었다. 게임은 끝날 때까지 최선을 다하는 것이고, 어떤 것이든 최선을 다하면 달라질 수 있다. 공부도 시험도 말이다.

10년 차 강사인 나는 여전히 강의하면서 성장한다. 강사 시장은 끊임없이 능력 있는 사람들이 생겨난다. 가끔 주눅이 들어 그만둬야겠다는 생각이 들었던 순간도 있었다. 하지만, 난 지금 여기에 있다. 난 여전히 수강생들을 만날 것이고 그들과 함께 성장해 갈 것이다. 난 그들의 힘이 내게 미친다는 것을 믿는다.

7

시작하기에 가장 빠른 날은
오늘이다

 얼마 전 보드게임 강사 A로부터 전화가 왔다. 수학 공부방에 대해 궁금한 게 있다고 했다. 그녀는 현재 보드게임 강사로서 쉴 틈 없이 수업하고 있었다. A의 질문이 의아했던 내가 요즘 수업이 많아서 바쁘지 않냐고 물었더니 그녀가 말했다.

 "제가 곧 55세가 되어가잖아요. 보드게임 강사들은 많아지고 아무래도 몇 년 후에는 설 자리가 없어질 수도 있을 것 같아서 미리 준비해야 할 것 같아요."

 A 강사의 말을 들은 내가 웃었다. 몇 년 전에 내가 했던 고민이었고, 대사였다. 나도 보드게임 강사를 그만둬야겠다는 고민을 심각하게 한 적이 있었다. 역량 강화로 교육받으러 가면 해가 바뀔수록 보드게임 강사들의 연령은 낮아지고 있었다. 한자, 바둑, 전래놀이는 나이 많은 강사들도 괜찮

았지만. 보드게임은 젊은 선생님이 더 어울릴 것 같았다. 이런 생각들이 나를 주눅 들게 했다. 왜 이런 생각이 들었던 것일까? 나중에 곰곰이 생각해 보니, 수업을 잘 못할 것이라는 고민은 아니었다. 그 나이에 누가 나를 뽑아줄까에 대한 고민이었다. '면접에서 떨어질 것이다.' 또는 '강의에 지원하면 나이 보고 잘릴지도 모른다.'는 두려움이 앞섰던 것이다. 수강생들은 젊고 예쁜 선생님을 좋아한다는 지인의 말에 100% 공감했다. 걱정에 고민까지 더해지니, 다른 일을 알아봐야겠다는 생각까지 미쳤다. A가 지금 그때의 나와 비슷한 고민을 하는 것 같았다.

내 고민은 사무실 온 벽면에 쌓여 있는 보드게임을 보면서 끝이 났다. 저 많은 보드게임을 어떻게 할까? 강의할 때 가져가면 좋겠다 싶어서 차곡차곡 모아둔 게임들. 그만둬야지 하는 순간에도 난 수강생들이 좋아할 만한 게임을 사고 있었다. 겨울을 준비하는 개미처럼 당장 필요하지 않아도 사두었던 게임들이 나를 압박했다. 그래 적어도 60까지는 해보자는 생각을 했었다. 60까지라니.

누군가는 그동안 꿈꾸던 일을 60대에 시작해서 바라는 것을 얻는다. 60세가 넘은 나이에 데뷔한 시니어 모델 김칠두, 65세에 자신만의 치킨 요리법을 살 사람을 찾아 떠났던 KFC의 창립자 할랜드 데이비드 샌더스(Harland David Sanders), 76세에 그림을 그리기 시작했다던 『인생에서 너무 늦은 때란 없습니다』의 저자 애나 메리 로버트슨 모지스. 이들은 모두 늦은 나이에 도전해서 자신의 꿈을 이루었다. 강사라고 해서 다를까? 도구가 보드게임이라고 다를까? 아마도 누군가는 60세 넘어서 시작을 할 것이다. 연세가 드신 시니어 보드게임 강사도 있고, 드물긴 하지만 강사 역량 강화에 가면 70이 넘는 강사도 있었다.

A 선생님에게 내가 고민해서 얻었던 답을 말했다. 그 선생님은 수학과를 나왔지만 수학을 가르치는 것은 싫다고 했다. 그림책을 재밌게 읽어주는 것을, 보드게임으로 강의하는 것을 좋아하고 잘한다고 했다. "그럼, 그것을 해야죠." 내 말은 간결했다. 내가 좋아하고 아이들에게 유익한 것이라면 그것을 해야지 싶었다. 그리고 다시 말했다. 나이 60이 되면 우리는 더욱더 전문가가 되어 있을 것이라고, 그러니, 쫄지 말라고 했다. 아직 나이 60도 되지 않았는데 벌써 걱정할 필요가 뭐가 있는가?

사람들 모이는 곳에서 보드게임 강사라고 나를 소개하면 사람들은 자신의 보드게임 이야기를 해준다. 그중 가족끼리 보드게임을 했던 에피소드를 말해주기도 했다. 집에서 보드게임하면 초4 아들에게 매일 진다고 하면서 웃는 엄마도 있다. 보드게임이 많은 어느 집은 아이들이 보드게임 이름을 적은 종이를 상자에 넣고 한 개씩 뽑아서 그날 할 게임을 정하는 방법을 만들어 냈다고 했다. 성인이 된 세 딸과 가끔 치킨을 사 먹기 위해 보드게임을 한다는 집도 보았다. 그들은 내게 무슨 영웅담을 이야기하듯 웃음이 띤 얼굴로 말했다. 가족끼리 하는 보드게임은 가족원들 모두 행복해한다고 전했다.

모두를 행복하게 하는 보드게임으로 강의하는 나는 내 직업을 좋아한다. 가끔 힘들지만 대부분 행복한 이 일이 좋다. 강사인 나뿐만 아니라 내 강의를 듣는 사람들도 즐거워해서 더욱 좋다. 오랜만에 신나게 웃었다며 슬쩍 감상평을 전하는 성인들의 이야기를 들으면 더욱 이 일에 감사함을 느낀다. 같은 강의지만 대상에 따라 달라지는 내 강의도 좋다. 난 아이들과의 만남에서는 호기심 유발과 뇌의 향상과 정서 발달에 집중했다. 어른들과의 만남에서는 가벼움과 소통에 중점을 두었다. 가족들 간의 보드게임 체험전에서는 소통과 한 개의 추억을 만들어 준다는 생각으로 옆에서 지켜보았다. 노인들과의 만남에서는 놀잇감을 소개하듯 보드게임을 소개했다. 특히 노인들과 스스럼없이 이야기를 나누는 내 모습에서는 젊은 나보다 적당히 나이가 든 내가 좋다. 모든 시간에 최선을 다했다. 내 강의를 듣는 사람들이 행복하기를 바랐다. 내게 이런 시간을 주는 보드게임이 누구에게나 어디에서나 좋은 도구가 될 거라는 것을 믿었다. 그 믿음은 정답이 되었다. 아이들은 엉덩이를 들썩였고, 가만히 앉아 게임을 하지 못했다. 어른이라고 다를 게 없었다. 흥분해서 시끄럽고, 이기고 싶은 마음에 자리를 박차고 일어나기도 했다. 앞에서 강의하는 강사의 말은 들리지 않은 듯 게임에 열중하기도 했다.

"내가 가장 어리네?"

지역에 있는 보드게임 동아리에서 내가 가장 나이가 많다. 처음 동아리 만들 때부터 그랬다. 온라인으로 만나는 연구모임에서도 내가 가장 나이가 많다. 그 모임에서 언젠가 나이를 공개하자며 태어난 연도를 공개했다. 공개한 수는 70과 89 사이였다. 그중 내가 적은 수가 가장 작았다. 그래서, 내가 가장 어리다고 우겨 한참을 웃었다. 변함이 없는 그 수로 여전히 어린 50대인 나는 보드게임 강사이다. 60대인 나도 보드게임 강사일 것이고, 70대에도 마찬가지일 것이다. 하늘이 도와 강사가 된 나는 보드게임이라는 멋진 도구가 밑거름이 되어 여기까지 왔다. 나는 여전히 내 강의를 들은 수강생들이 그 순간에 행복하기를 바란다. 삶의 현장에서도 가끔 꺼내어 보면서 실실 웃는 그런 시간이 되길 바란다. 생각해 보니 이렇게 행복한 보드게임 강의에 60이 넘은 강사도 어울릴 것 같다. 너무 늦었다는 말은 틀렸다. 늙어서 그만둔다는 말은 어불성설이다. 나처럼 A처럼 나이가 많아서 일을 그만둬야겠다고 생각하는 사람이 있는가? 아니면 나이가 많아 시작하기에 두려운 분이 있는가? 여기 65세에 이제 막 새로운 길을 찾아 나서는 할랜드 데이비드 샌더스의 말을 대신 전하고 싶다.

"내가 나의 길을 걸었듯 당신 역시 당신만의 길을 걸었을 것입니다. 그게 어떤 것이든 결코 하찮지 않습니다. 세상이 정해놓은 잣대에 스스로를 거두지 마십시오. 뚝심 있게 자신만의 인생을 걸어 나가세요. 너무 늦은 나이가 아닌지 고민된다면 부디 잊지 마세요. 오늘이 무언가를 시작하기에 가장 빠른 날이라는 사실을 말입니다."

선배 강사 한경아가 전하는 롱런의 비결

수강생들을 존중하고, 강의하는 시간을 즐겨라. 그것이 더 나은 강의를 위해 연구하게 하는 밑거름이 될 것이고, 결국 자신만의 특별함을 만들어 낼 것이다.

6장

아무나
할 수 없는
강사가 되어라

아동요리 강사: 오영주

1

인기 있는 과목을
찾는 것도 방법이다

결혼한 여성이 새로운 직업을 갖게 되는 계기는 아무래도 출산으로 인한 경력 단절에서 오는 경우가 많을 것이다. 나 역시 두 아이를 낳고 전혀 다른 직업을 갖게 된 경우다. 내가 두 번째로 찾은 직업은 요리강사이다. 하지만 처음 강사의 시작은 요리강사가 아니었다.

둘째 아이가 태어나고 나는 집에서 아이를 돌보며 할 수 있는 일을 찾기 시작했다. 매일 인터넷에서 검색하고 지역신문을 찾아보았다. 그러다 누군가 인터넷에 올려놓은 게시물을 보게 되었고 천연비누 공예를 처음 알게 되었다.

천연비누 공예는 직접 비누를 만들어 사용하거나 판매하여 수익을 올리는 구조였다. 공예품으로도 가치가 있어 수공예 전문점에 납품하는 방법도 있었다. 나는 내가 할 수 있는 일이라고 생각하였다.

나는 바로 문화센터에 가서 천연비누와 천연화장품 만드는 법을 배웠다. 그 덕에 민간자격증인 천연비누 & 화장품 자격증을 짧은 기간 안에 취득할 수 있었다. 자격증 취득 후, 나는 소규모 지역 모임, 문화센터 등에서 천연 비누와 천연화장품 만드는 법을 강의했다. 그리고 만든 천연비누를 판매하기 위하여 프리마켓에 참여하거나 관광지에 있는 수공예 전문점에 납품하기도 했다. 하지만 천연비누 특성상 오랜 보관이 쉽지 않았고, 판매가 많이 되지도 않았다.

그즈음에 나는 천연비누를 만드는 일에 회의가 들기 시작했고 머리를 식힐 겸 케이크 디자인을 배우기로 했다. 케이크 디자인을 배우면서 비누공예가 요리나 제빵과 많이 닮았다고 생각했다. 그때만 해도 이 기법을 잘 배워서 천연비누를 만들 때 적용해 봐야겠다는 생각만 했을 뿐이었다. 그러다 여성센터에서 수료생을 대상으로 취업과 얼마나 연계가 되었는지 설문 조사를 했다. 여성센터에서도 일자리를 알아봐 준다는 것을 나는 그때 알았다. 여성센터에서는 각 공고에서 올라온 채용 정보를 공유했고, 나는 한 초등학교에서 비누공예 방과후 강사를 모집하는 교육청 공고를 보게 되었다.

그동안 비누공예는 성인을 대상으로 강의하는 줄만 알았는데 초등학생도 비누를 만들 수 있다는 사실에 놀라웠다. 게다가 첫째 아이가 초등학교에 다니고 있었지만 초등학교에서 방과후 수업으로 비누공예를 강의할 생각은 전혀 하지 못했다. 설사 생각해 보았더라도 방과후 강사가 되는 법을 알 수 없었을 것이다. 여성센터에서 올려준 교육청 공고를 보고 나서야 방과후 강사는 공개 채용하는 방식으로 구인하는 것을 알았다.

나는 집 근처의 5개 지역교육청 홈페이지에 수시로 들어가 채용 공고를 찾아보았다. 채용 시기는 매년 11월부터였고 나는 채용일에 맞춰 초등학교에 지원서를 냈다. 생각보다 비누공예부 방과후 강사를 채용하는 학교가 적어, 지원서를 낼 수 있는 학교는 모두 지원서를 냈지만 그리 많은 수는 아니었다. 그러다 한 초등학교에서 채용이 되었고 나는 2012년 3월에 처음으로 방과후 강사가 되었다.

　초등학생을 대상으로 천연비누 만드는 법을 가르치는 일은 생각보다 재미있고 보람 있는 일이었다. 작은 손으로 만들어내고 기뻐하는 모습을 볼 때마다 더 많은 것을 가르쳐 주고 싶었다. 그리고 성인 대상으로 하는 강의보다 아동을 대상으로 한 강의가 나하고 맞았다.

　하지만 한 학교에서 금요일, 토요일 이틀간 총 네 번의 수업을 진행하는데 수강생은 20명 남짓이었다. 적은 수강생 수는 의욕을 살짝 꺾이게 했다. 물론 가르치는 일을 수입과 비례해 보람을 찾는다는 것은 어불성설이긴 하지만 그래도 나는 수입 또한 중요했다.

　수입을 생각하지 않는다면 꽤 보람 있는 일이었다. 하지만 내 의지는 같은 학교에서 강의하던 아동요리 강사를 만나게 되면서 흔들리게 되었다.

　아동요리부는 초등학생이 가장 좋아하는 방과후 수업으로, 각 반 정원을 늘 초과하여 추첨을 통해 수강생을 확정하였다. 같은 학교에서 강의하던 아동요리 강사 역시 금요일 하루, 90분씩 두 번 수업하는데 수강생이 40명이었다. 그때, 같은 시간을 일하고 수입이 4분의 1이라면 강의 과목을 변경하는 것도 충분히 재고해볼 만한 일이라고 생각했다.

강사의 역량에 따라 수강생 수는 천차만별이 되기도 한다. 하지만 기본적으로 초등학생이 좋아하는 과목은 따로 있다. 학교 정규수업을 마친 후 시작되는 방과후 학교 수업은 정규수업 때 배우지 않는 것들을 배우는데, 크게 교과 부문과 특기·적성 부문으로 나뉜다. 영어, 수학, 과학, 논술 등 교과로 분류되는 부서와 음악, 미술, 공예, 운동, 요리와 같은 특기·적성으로 분류되는 부서이다.

교과 부서라고 해서 모두 비인기 부서는 아니며, 마찬가지로 특기·적성 부서라고 해서 모두 인기 부서는 아니다. 다만 요리 부서는 어느 학교에 가든지 항상 인기부서 상위그룹에 속한다. 직접 요리를 해볼 수 있다는 점과 만든 음식을 먹을 수 있다는 점은 초등학생에게 큰 흥미를 유발하며 학업으로 인한 스트레스를 풀 수 있는 장이 되기도 한다.

초등학교 방과후 수업에서 인기 있는 아동요리부로 전과하기 위하여 나는 처음부터 다시 배워야 했다. 우선 민간협회에서 발급하는 아동요리지도사 자격증부터 취득하였다. 그리고 국가 기술 자격증인 한식조리기능사를 취득하기 위하여 공부를 시작했다. 요리 공부를 하면서 느낀 것은 요리하는 것을 별로 좋아하지 않던 내가 생각보다 잘 해내고 있다는 것이었다. 만드는 요리마다 잘했다는 칭찬과 손이 빠르다는 말은 내게 자신감을 불어넣어 주었다. 나는 요리를 배우면서 좋아하는 것과 잘하는 것이 같지 않을 수도 있다는 것을 깨달았다. 내가 잘하는 분야를 선택해야 강사의 길로 진출하는 데 도움이 될 수 있다는 것도 말이다. 그리고 수요가 있는 인기 과목을 선택하는 것이 쉽게 포기하지 않는 비결이 되기도 한다. "이 고비만 넘기면 나도 인기 강사가 될 수 있어. 수입을 많이 올릴 수 있어."라는 자신만의 목표를 향해 나아가는 데 지치지 않는다.

나는 할 수 있다는 생각과 해내고 말겠다는 의지로 아동요리부에 계속 도전했고, 드디어 2013년 7월, 작은 시골 학교에 아동요리부 강사로 채용되었다.

2

가장 가까운 곳에서
강의할 곳을 찾아라

요리의 사전적 의미는 여러 조리 과정을 통해 음식을 만드는 일을 일컫는다. 요리강사란 이러한 과정을 배우고자 하는 수강생에게 요리를 가르치는 일을 하는 사람이다. 요리는 전문적인 지식이 없더라도 인간에게 주어진 본능에 따라 누구나 하는 활동 영역이다. 게다가 간편식, 조리식품, 밀키트 형식의 제품이 시중에 많이 나와 있어서 요리에 대한 기초지식이 없더라도 요리하는 데 큰 어려움은 없다. 이렇게 일상에서 많은 이들이 하는 분야를 강의 주제로 정한다면, 수강생에게 더욱 전문적인 지식을 전달할 수 있어야 한다. 우리는 매체를 통해 요리사들이 활약하는 모습을 수없이 보아 왔다. 요리사들의 화려한 퍼포먼스, 정교하고 능숙한 칼질 솜씨를 보고 감탄한다. 또한, 맛깔스럽게 완성하여 담아내는 요리를 보면서 감동한다. 요리에 관심이 있는 사람이라면, 매체 속 요리사들이 그런 경지에 오르기까지 얼마나 힘든 과정을 거쳤는지 말하지 않아도 알 수 있다. 누군가에게는 도전해 보고 싶은 마음이 들게 하기도, 부러움에 그치게 할 수도 있는 요리사들의 모습에서 사람들은 자신만의 꿈을 키운다.

요리강사가 되려면 요리사로서의 경력, 잘 갖추어진 주방이 있는 공방이 필수여야 한다고 생각하기도 한다. 그저 요리를 좋아하기만 해서는 요리강사가 될 수 없음을 알고 있지만, 준비 과정이 만만치 않음에 미리 절망하기도 한다. 요리라는 특성상 누구나 이미 하는 일이기에 어려움이 더 크다. 요리를 배우고 싶어 하는 수강생은 주로 성인이다. 좀 더 맛있게, 좀 더 근사하게 만들어 먹고 싶다는 욕구를 풀어주는 것이 요리강사이다. 하지만 위에 언급했다시피 이런 욕구를 가진 성인을 대상으로 강의하기란 쉬운 일이 아니다. 이미 일상에서 요리하는 수강생들이 대부분이기 때문이다.

13년 전에 처음 접했던 아동요리는 그 분야의 개념이 정착되어 가고 있던 시기였다. 특히 초등학교 방과후 수업에서 아동요리부가 많이 신설되어 학교마다 아동요리부가 없는 곳이 없을 정도로 그 수가 많아졌다. 내가 아동요리에 관심을 두고 공부하기 시작한 2012년도에 아동요리 원년 강사들이 5년 정도 경력을 쌓았다고 한 것으로 보아, 아동요리는 2008년쯤에 처음 시작된 것임을 알 수 있다.

아동이란 18세 미만 또는 유치원생부터 사춘기가 시작되기 전인 아이를 가리킨다. 아동요리는 유아, 초등학생을 대상으로 하는 수업이다. 중, 고등학생이 배우는 요리는 별도로 아동이나 청소년과 같은 단어를 쓰지 않는다. 내가 하는 강의는 초등학생을 대상으로 하는 방과후 수업이기 때문에 나는 아동요리 강사, 방과후 강사로 불린다. 중, 고등학교에서도 방과후 수업이 있으므로 중, 고등학교에서 요리 수업을 진행하고 있다면 같은 맥락으로 방과후 강사로 불리지만 아동요리 강사가 아닌 요리강사이다.

이러한 구분이 필요한 이유는 요리를 통해 수강생에게 주어지는 정보와 교수법이 다르기 때문이다. 가르치는 대상에 따라 요리강사에게 요구되는 능력도 달라진다. 성인을 대상으로 하는 요리강사가 되려면 요리사로서의 경력이 필요할 수도 있다. 하지만 아동이 주 수강생이 되면 요리사로서의 경력보다는 아동에 대해 잘 이해하고 식품을 바르고 안전하게 섭취할 수 있도록 지도할 수 있는 능력이 요구된다. 이렇게 대상에 따라 강사가 갖춰야 할 경력이나 덕목이 달라지기도 한다. 아동요리뿐만 아니라 아동을 대상으로 강의를 하는 강사에게 모두 해당되는 이야기이다.

강사가 강의 대상을 정할 때, 성인보다 조금 접근이 쉬운 대상은 '아동'이다. 아동을 대상으로 하는 강의는 생각보다 주위에서 많이 찾아볼 수 있다. 다만, 접점을 찾기 전에는 알 수 없고 어떤 실마리를 통해 접점을 찾고 나면 눈에 많이 띈다. 나는 그 접점을 찾기 위해 빙빙 돌았지만, 현재는 내가 시작했던 2012년보다 정보가 훨씬 많고 쉽게 찾을 수 있다. 아동을 대상으로 강의하는 강사가 되어야겠다고 생각했다면 이전보다 길은 많이 열려 있다.

아동을 대상으로 강의할 수 있는 곳은 문화센터, 지역아동센터, 청소년수련관, 어린이집, 복지관 등 아동이 있는 곳이라면 모두 가능하다. 이미 수업이 개설된 곳이면 강사 지원을 하면 되고, 개설이 되어 있지 않다면 제안서를 제출하여 개설을 요청할 수도 있다.

여러 기관에서 강의를 할 수 있지만, 그중에서 가장 선호하는 곳은 아무래도 수강생과 수입이 월등히 많은 초등학교 방과후 수업이다. 초등학교는 특히 학교에서 지도한 경력이 있는지를 비중 있게 보는데 학교에서 경력이 없다면 차선책으로 문화센터, 청소년수련관 등에서 강의 경력을 쌓고 도전하는 경우가 많다. 나 역시 경쟁률이 높은 아동요리부로 과목을 변경했을 때 6개월간의 기관 경력을 쌓은 후에야 초등학교에 채용될 수 있었다. 물론 비누공예로 1년간 초등학교 경력이 있었던 점이 유리하게 작용하였을 수도 있지만, 궁극적으로는 해당 부서에서 아동을 대상으로 얼마나 강의했는지가 관건이었다.

내가 비누공예에서 아동요리로 부서를 바꾼 해에 지원한 초등학교 수는 120군데였다. 1차 서류전형 합격도 쉽지 않아 2차 면접은 5번밖에 보지 못했고, 최종 합격은 2곳의 학교가 전부였다. 인기부서인 만큼 경쟁률이 꽤 높았다. 하지만 아동요리부가 초등학교에 많이 개설되어 있었다는 점은 다른 부서보다 유리하게 작용했다. 평균 30대1의 경쟁률만 놓고 본다면 거의 희망이 없는 수준이었지만 노력은 배신하지 않았다. 나는 높은 경쟁률을 뚫기 위해 끊임없이 공부했다. 요리 전공자가 되기 위해 강의와 공부를 병행하며 식품영양학과를 졸업하였다. 또한, 한식, 양식, 중식, 일식조리기능사, 떡 제조기능사 등 국가 기술 자격증도 꾸준히 취득하였다. 강의 분야의 대학 전공과 여러 개의 국가 기술 자격증 취득으로 한층 경쟁력을 갖추고 나니 강사 채용의 문은 더욱 넓어졌다.

이렇듯, 강사가 강의 분야를 정할 때 강의할 수 있는 곳이 많은지는 매우 중요하다. 아울러 강의를 진행하는 기관에서 원하는 자격을 갖춰 스스로 경쟁력을 높이는 것도 중요하다.

3

대상을 바꾸면
강의영역도 넓어진다

"아이들이 요리를 해요?"

내가 아동요리 강사이며, 초등학교 방과후 수업으로 초등학생에게 요리를 가르친다고 하면 모두 이렇게 되묻는다. 요리는 불과 칼을 사용해야 하는 활동이기에 언뜻 아이들이 할 수 없을 거로 생각한다. 아동요리 분야가 정착되기 전에는 이 말이 기정사실이기도 했다. 아동은 어른에게 보호받아야 할 대상이므로 아동이 어른 대신 가정에서 요리하는 것은 극히 드문 일이기도 하다. 요리는 음식을 만드는 과정이다. 음식을 만드는 데 있어 아동에게 위험 요소는 다분히 뒤따른다. 재료를 손질할 때 사용하는 칼로 인한 자상, 손질한 재료를 볶거나 구울 때 사용하는 가열 기구로 인한 화상이 대표적인 위험 요소이다. 이러한 위험 요소에도 불구하고 아동요리 분야가 정착된 이유에는 단점보다 장점이 크기 때문이다.

어른의 전유물이었던 요리가 아동도 할 수 있는 영역으로 바뀐 이유에는 조리도구의 발달과 매체의 영향도 무시할 수 없다. 물론 모든 요리를 불을 사용해서 만드는 것은 아니다. 하지만 직화 아닌 전기 가열 기구들은 아동이 요리에 접근하기 쉽게 만들었다. 또한, 아동이 요리에 관심을 두게 된 이유 중 하나는 매체에서 보이는 요리사의 활약이다. 매체를 보고 요리사의 꿈을 키우는 아동은 요리 수업을 듣고 싶어 한다.

　내 강의 분야인 아동요리뿐만 아니라, 아동을 대상으로 하는 모든 강의는 이렇듯 일반적인 선입견을 갖고 다가가면 안 된다. "아동인데 할 수 있을까?", "아동에게는 너무 어려운 내용이 아닐까?"라는 생각에서 벗어나야 한다. 아동이 할 수 있도록 어렵지 않게 가르칠 수 있는 능력이 아동을 대상으로 강의하는 강사에게 요구된다. 강의 분야를 정하기 위해서는 아동이 참여할 수 있는 내용인지 파악해야 한다. 또한, 시류에 맞는 강의 분야인지 교육 정책, 매체 등의 정보를 살펴보고 대입시켜야 한다.
　어떤 강의 분야든, 배우고 싶어 하는 수강생이 있다는 것을 확인했으면 우리는 공급을 해주면 된다. 아동에게 적합한 학습 내용을 연구하고 개발하여 강의 내용을 정하는 것으로 강사의 길은 시작된다.

　아동요리의 경우, 나이별 대상이 다른 만큼 적용 가능한 요리는 무궁무진하다. 요리를 배우고 싶어 하는 아동, 청소년의 수 또한 많다. 대상의 수가 많다는 것은 강사가 강의할 곳이 많다는 뜻을 의미하기도 한다. 이처럼 같은 강의 분야라 하더라도 강의 대상을 넓히면 강의할 곳이 많아진다.

현재 나는 초등학생을 대상으로 초등학교 방과후 요리수업만 강의하고 있지만, 유아를 대상으로 한 문화센터, 중학교 동아리 수업을 진행하기도 했다. 대상에 따라 강의 기법과 내용이 다르고 접근법도 다르다. 내가 어떤 대상을 상대로 강의했을 때 강점을 보일 수 있는지를 우선 파악해야 한다. 이는 막연하게 생각만으로는 알 수 없고 직접 강의를 해봐야 알 수 있다. 나는 그렇게 유아, 초등학생, 중학생을 상대로 요리 강의를 해 본 결과 초등학생과의 수업이 가장 잘 맞았고 나의 역량을 최고치로 끌어낼 수 있었다.

아동을 대상으로 강의할 곳을 분류해 보면 유아는 유치원, 문화센터가 대표적이다. 병설 유치원은 지역교육청에 채용 공고가 올라오며, 그 외 유치원은 특기 수업을 관장하는 업체에서 파견하는 형태로 이뤄진다. 파견업체에 들어가려면 구인 사이트에서 정보를 얻으면 된다. 문화센터는 각 홈페이지에 채용 공고가 올라오거나 직접 수업 개설을 제안할 수 있다.

중학교, 고등학교는 동아리 수업, 방과후 수업으로 진행되는데 중학교는 자유학기제를 통해 강의할 수도 있다. 학교에서 진행하는 수업은 모두 지역교육청에 채용 공고가 올라온다. 하지만 모든 학교에서 다양한 수업을 하는 것이 아니므로, 수업을 개설하고 싶다면 제안서를 들고 학교를 방문하여 개설을 요청할 수 있다.

아동을 대상으로 하는 강의일 경우, 초등학교에서 진행되는 경우가 많다. 학교와의 직접계약은 지역교육청에 채용 공고가 올라온다. 그리고 학교에서 위탁을 한 업체 소속으로 강의를 하려면 구인 사이트를 통해 위탁 업체에 채용이 되어야 한다. 내 강의 분야인 초등학교 수업은 방과후 수업이 주이며 돌봄교실, 늘봄교실에서도 진행하는 학교가 있다. 중, 고등학교와 마찬가지로 수업 개설을 제안할 수도 있지만 거의 이미 많이 개설되어 있다. 개설 안 된 학교에 제안서를 들고 가기보다는 개설된 초등학교에 이력서를 내는 것이 빠르다.

아동을 대상으로 한 강의 분야 중 가장 큰 시장인 초등학교 방과후 수업은 타 기관보다 수강생이 월등히 많고 강사들의 채용경쟁률 또한 높다. 초등학교가 아니더라도 다양한 기관에서 강의할 수 있다. 청소년수련관, 지역아동센터에서도 유아부터 고등학생까지 폭넓은 대상으로 수업이 진행되고 있다. 기관마다 특징이 있으므로 내가 어느 수업이 맞는지부터 파악하는 것이 중요하다.

이렇게 아동을 대상으로 강의하는 강사로 첫발을 내디뎠다면, 그다음은 대상에게 맞는 수업을 진행할 수 있도록 역량을 키워야 한다. 아동을 대상으로 하는 수업이라고 해서 마냥 단순하고 아기자기한 수업만 할 수 없다. 내 강의 분야인 아동요리도 결국은 '요리'이기 때문에, 요리에 대해 많이 알아야 하고 초등학생이 만들 수 있도록 레시피 변경이 가능해야 한다. 강사가 요리에 대한 지식이 없으면 레시피 변경은 물론, 교실에서 돌발상황을 대처할 수 있는 능력도 있을 수 없다.

아동요리뿐만 아니라 아동을 대상으로 하는 강사는 지식 전달도 중요하지만, 수강생이 수업 중에 다치지 않게 지도할 의무가 있다. 성인과 달리 집중하는 시간이 짧고, 부주의하게 행동하는 때도 많으므로 안전한 수업 진행이 요구된다. 대상을 바꿔 강의영역을 넓혔다면 그에 맞는 실력을 키우는 것이 매우 중요하다.

4

매시간이
완결편이다

강의 방향을 아동 대상으로 잡았다면 아동 수업만의 특성을 파악하는 것이 중요하다. 아동을 대상으로 하는 강의는 성장기 아동에게 끼칠 영향을 생각하지 않을 수 없다. 아무리 학습적인 면이나 기능적인 면에서 유익한 강의라고 해도 수업을 듣는 아동이 즐겁지 않으면 효과는 반감될 수밖에 없다. 모든 수업이 재밌고 즐거울 수는 없지만, 특기를 발굴하고 적성을 신장시키는 수업은 아동이 흥미를 갖고 참여할 수 있어야 한다.

내 강의 분야인 아동요리는 이 강의를 듣는 아동이 얼마나 행복함을 느낄 수 있는가로부터 시작한다. 어릴 때의 좋은 기억이 삶에 있어서 자신에게 끼치는 영향은 매우 크다. 좋은 기억 중에서도 맛있는 음식을 먹었을 때의 기억이란 떠올리기만 해도 행복해진다. 우리는 어려운 일이 닥쳤을 때, 경험해 본 행복한 기억으로부터 용기를 얻곤 한다. 아동요리는 이러한 삶의 철학을 실현하는 강의이다.

특히 아동요리는 매시간 완성된 결과물이 있어야 한다. 이론과 실습을 병행하는 강의로 실습의 비중이 훨씬 크다. 실습하며 요리를 완성하고, 완성된 요리를 포장하여 귀가한다. 실습이 중요한 만큼 강사가 진행하는 방식에 따라 강의에 대한 만족도는 달라진다. 요리를 많이 접해본 성인과 달리 아동은 요리의 모든 것을 처음 대한다고 생각해야 한다. 그러므로 가장 기초적인 부분부터 상세하게 가르쳐주어야 한다. 가열된 전기 프라이팬 테두리를 만지면 뜨겁다는 것을 모르는 아동들도 있다는 것을 염두에 두어야 한다.

아동을 대상으로 하는 강의는 학교 정규수업 1교시 시간을 기반으로 한다. 이는 아동이 집중할 수 있는 시간을 고려하여 정해진 시간이다. 유아의 경우는 40분, 50분 수업이 많으며 초등학생 이상은 블록 수업이라고 하여 쉬는 시간 없이 80분, 100분 수업이 많다. 또한, 수업을 진행하는 기관마다 초등학생도 40분, 50분 수업이 있지만 이런 경우에는 비교적 단순한 요리로 진행된다.

완성된 결과물이라고 하여 결과물의 높은 완성도가 중요한 것은 아니다. 아동이 요리 수업으로 얻는 효과와 기대치를 얼마큼 충족시켰는지가 중요하다. 요리 재료를 만지고 냄새를 맡고 관찰하는 것만으로도 이미 학습효과는 크다. 재료 준비부터 실습하는 과정은 가정에서 쉽게 접근할 수 없는 부분이 있다. 이는 아동에게 적합한 조리도구가 갖춰지지 않은 경우도 있지만 부모들은 좀 더 전문적인 기관, 전문 강사에게 자녀의 교육을 맡기고 싶어 하기 때문이다. 그렇다면 학부모가 원하는 수업은 어떤 수업일까? 아동요리의 경우는 크게 세 가지로 학부모의 요구사항을 나눌 수 있다.

첫 번째는 요리사가 꿈인 자녀의 특기와 적성을 찾아주는 것이다. 앞서 말했듯이 매체의 발달로 요리사의 활약을 보았거나 부모님을 비롯한 주변 어른이 요리하는 모습을 보고 요리사의 꿈을 키운 아동들이 많다. 나는 수강생 학부모로부터 "우리 아이는 요리사가 되는 게 꿈이에요."라는 말을 종종 듣는다.

두 번째는 편식으로부터 교정을 받고 싶어 하는 경우이다. 아동은 먹어 보지 않은 음식에 대해 심한 거부감을 나타내기도 한다. 있지도 않은 알레르기를 핑계로 특정 재료를 거부하는 아동이 있는데 이는 두려움에서 비롯된 것이다. 하지만 단체수업을 진행하다 보면 이런 아동이 스스로 그 두려움에서 벗어나는 경우를 많이 볼 수 있다. "옆에 앉은 친구도 먹는데 나도 먹어볼까?" 하는 심리가 저절로 생긴다는 것이다. 인간이 가지고 있는 경쟁심리가 적용되는 셈이다. 이런 경우는 1대1 수업이 아닌 단체수업에서 볼 수 있는 긍정적인 반응이다. "선생님, 제가 원래 파프리카는 못 먹는데 먹어보니 맛있고 이제 먹을 수 있어요."라는 말을 들을 때마다 아동요리 수업이 주는 장점을 다시 생각하게 된다.

마지막 세 번째는 우리 아이가 즐거웠으면 하는 학부모의 바람이다. 아동요리는 아동 자신이 직접 재료를 손질하고 조리하여 완성해 내는 일련의 작품활동이다. 처음부터 끝까지 제 손끝으로 만들어내는 과정에서 얻는 성취감은 매우 크다. 게다가 친구와 함께하는 수업은 즐거울 수밖에 없다. 학업에서 받는 스트레스를 푸는 시간이기도 하다. 그래서 나는 수업 시간에 어느 정도의 시끌벅적함은 용인하는 편이다. 요리는 창의적인 활동이므로 아동이 최대한 창의력을 발휘할 수 있도록 분위기를 만들어준다.

이러한 점을 볼 때, 아동요리는 학부모가 바라는 수업이기도 하지만 결국은 아동이 원하는 수업인 것이다. 아동요리뿐만 아니라, 아동을 대상으로 하는 강의는 아동의 특성을 파악하고 강의를 진행하는 것이 가장 중요하다. 이 수업을 통하여 우리 아이가 얻는 것은 무엇인지 학부모에게 인지시켜 주고 만족도를 주어야 한다.

아동요리 수업은 맛있는 음식을 직접 만든다는 자신감으로 아동을 한 뼘 성장하게 해준다. 이러한 자신감은 자신이 만든 요리에 책임을 다했을 때 더욱 빛이 난다. 나는 수강하는 인원이 많아도 1인 실습을 고수한다. 인원이 많으면 시간상, 교실 환경상 1인 실습이 어려워 모둠 활동을 하게 되는 경우가 있다. 모둠 활동은 같은 조원끼리 협동하고 배려하는 점을 배울 수도 있지만, 나만의 요리라는 점에선 취약할 수밖에 없다.

또한, 내향적인 성격을 가진 아동은 모둠 활동에서 스스로 배제되기도 한다. 모두에게 공평한 기회, 자기 요리에 대해 끝까지 책임을 져야 한다는 것이 내가 강조하는 강의 철학이다. 나는 이렇게 1인 실습으로 재료 손질부터 조리까지 모든 과정을 스스로 해냄으로써 요리에 대한 자긍심과 책임감을 가질 수 있도록 했다.

주어진 수업 시간 안에 모든 학생이 1인 실습을 하려면 그만큼 미리 준비해야 하는 과정도 많고 시간 배분과 활용을 정확하게 해야 한다. 가열 기구를 사용하는 요리 활동이 있는 날에는 수업 시뮬레이션을 충분히 한다. 매시간 완성된 요리를 포장해서 가정으로 보내는 일에 실수가 있어서는 안된다. 오늘 완성하지 못한 요리를 다음 시간에 마저 만들 수 있는 게 아니기 때문이다. 정해진 수업 시간을 임의대로 늘려서 늦게까지 요리를 만들수 있는 것도 아니기에 시간 계산은 정확해야 한다.

비단, 내 강의 분야인 아동요리뿐만 아니라 아동 대상의 강의는 주어진 수업 시간 안에 모든 것을 마쳐야 한다. 매시간이 완결편인 셈이다.

5

누구나 할 수 있지만,
아무나 할 수 없는 일

강사로 발돋움하게 되는 계기는 여러 가지가 있다. 대표적으로, 자기 분야에서 오랜 경력을 쌓고 지식을 전달할 기회가 생기거나 강사라는 직업을 갖기 위해 강의 분야를 정하고 공부를 시작하는 경우가 있다. 또는 좋아하는 일을 취미 삼아 하다가 우연한 기회에 강사가 되기도 한다. 어떤 계기로 강사가 되었는지는 중요하지 않다. 모두 자신의 강의 분야에서 전문적인 지식을 갖춘 사람들이기 때문이다.

내가 처음에 강사가 된 계기는 위에 언급한 세 가지의 경우에 속하지 않는다. 나의 첫 강의 분야는 비누공예였다. 비누공예 분야에서의 오랜 경력도 없었고, 강사가 되려고 일부러 배운 것도 아니며, 취미생활도 아니었다. 천연비누를 만들어 판매해야겠다는 생각으로 시작했기에 비누공예 강의는 생각하지도 않았다. 하지만 강의 의뢰가 들어와 성인을 대상으로 천연비누 만드는 법을 강의했고, 우연한 기회에 초등학교 방과후 수업에서 아동을 대상으로 강의를 시작했다.

내가 비누공예에서 아동요리로 강의 분야를 변경했을 때는 강사가 되려고 일부러 공부한 경우에 속한다. 특히 요리는 성인이라면 누구나 하는 활동 영역이기에 더욱 전문적인 지식이 요구된다. 누군가에게 지식을 전달하는 강사가 되려면 보편적인 지식으로는 경쟁이 안 된다. 아동요리는 학습 주체자인 아동뿐만 아니라 학부모의 요구도 충족시켜야 하는 분야이다. 강의 대상이 아동이라고 해서 성인을 대상으로 하는 강의보다 쉬운 것은 아니다. 이 점은 내 강의 분야인 아동요리를 포함해 아동을 대상으로 하는 모든 강의에서 적용된다. 매년 행동 특성이 달라지는 아동을 대상으로 하는 강의에서는 아동에 관한 연구가 병행되어야 한다. 아동을 대상으로 강의하는 강사는 기본적으로 아동에게 관심이 많고 적절한 강의 기술을 갖고 있어야 한다. 같은 분야의 강의 내용이라도 성인을 대상으로 하는 강의와는 접근법이 다르다. 성장기에 있는 아동에게 선생님이란 친근한 존재일 수도 있지만, 기본적으로는 존경의 대상이다. 아동에게 끼칠 영향을 생각하여 강의하고 행동해야 한다. 스펀지처럼 그대로 흡수하는 아동의 특성을 파악하고 아동의 행동과 말을 이해하는 것이 중요하다.

나는 강의 분야를 아동요리로 다시 정한 후, 요리를 배우러 다녔다. 비누공예도 계속 강의하면서 틈틈이 아동요리 수업의 보조강사로 일했다. 아동을 대상으로 하는 강의라는 점에선 공통점이 많았으나 강의 분야가 다른 만큼 수업 현장에서 새롭게 배워야 할 것들이 있었다. 특히 초등학교 인기 과목인 아동요리부는 비누공예부보다 수강생이 월등히 많았다. 강의 내용을 전달하는 과정에서 인원의 많고 적음에 따라 강사에게 요구되는 능력은 크게 달랐다. 특히 비누공예나 아동요리처럼 실습 위주의 강의는 준비 과정과 진행 과정이 수강인원에 따라 많이 달라진다. 주어진 강의 시간 안에서 모든 수강생에게 만족감을 주려면 진행하는 강사의 능력이 중요하다.

　요리 강좌는 생활과 밀접한 분야인 만큼 요리강사로 도전하기에 접근성이 좋은 장점이 있다. 요리를 배울 수 있는 곳도 각 지역 여성센터, 요리학원, 개인 공방 등 찾으면 주위에 많이 있음을 알 수 있다. 누구나 요리에 관심이 있다면 배울 수 있는 환경은 이미 충분히 갖춰져 있다. 요리강사가 되고 싶지만 요리와 관련 없는 전공을 했다고 해서 미리 포기할 필요는 없다. 물론 요리 관련 전공을 할 필요가 없다는 뜻이 아니다. 전공하지 않았지만, 요리강사가 되고 싶은 경우에 길은 의외로 많이 열려 있다는 것이다.

　요리 분야뿐만 아니라 다른 강의 분야도 마찬가지다. 전공하지 않더라도 관련 분야에 관심을 두고 꾸준히 배우고 연구하면 강사의 길은 열려 있다. 배움이란 대학의 전공만을 말하지 않는다. 배움의 길은 다양하고 자기에게 맞는 공부법을 찾아 시작하면 된다.

　아동요리 강사 또한 같은 방법으로 접근하면 된다. 아동을 대상으로 하지만 아동요리도 결국은 요리의 범주에 들어간다. 기본적인 요리 지식이 바탕이 되어야 한다. 요리를 제대로 배우지 않고는 대상이 아동이라 할지라도 제대로 가르칠 수 없다. 나 또한 요리 관련 전공이 아니었으므로 기초부터 요리를 배우기 시작했다.

요리강사를 채용하는 기관에서는 지원자의 실력을 관련 경력, 전공, 자격증으로 가늠할 수밖에 없다. 나는 요리와 관련해서 경력, 전공이 전혀 없었기에 자격증으로 접근할 수밖에 없었다. 다행히 요리 관련 자격증은 배울 수 있는 곳이 많고, 국가가 인정하는 국가 기술 자격증 제도가 있어서 나와 같은 도전자에게 매우 유용했다. 의지만 있다면 누구에게나 기회가 주어지는 셈이다.

아동요리 강사가 되겠다고 했을 때, 동료 강사로부터 아동요리는 아무나 하는 게 아니라는 말을 들었다. 그 말은 즉, 아동요리를 쉽게 보고 접근하는 강사들을 좋게 안 본다는 뜻이었다. 그 말을 듣고 나는 더욱 오기가 생겼다. 반드시 아동요리 강사가 되어야겠다는 각오도 다졌다. 하지만 아동요리 강사가 되어 강의를 해보니 아무나 할 수 있는 분야가 아니라는 건 맞는 말이었다. 주어진 시간 안에 많은 인원의 요리를 실수 없이 모두 마친다는 것은 쉬운 일이 아니긴 했다. 아무리 아무나 할 수 없는 분야라고 해도 미리 포기하게 만드는 말은 할 필요도, 들을 필요도 없다. 그래서 나는 내게 묻는 이가 있으면 누구나 도전할 수 있는 영역이고 배울 수 있는 곳도 많다고 말을 해 준다.

그런데 아이러니하게도 경력이 한참 쌓인 후에는 처음 시작할 때와 반대로 다른 분야 강사로부터 아동요리는 누구나 할 수 있는 것 아니냐는 말을 들었다. 자신이 직접 겪어보지 않은 일에 대한 조언은 곧이곧대로 들을 필요가 없다. 그러나 그 말을 듣고 난 후, 나는 요리 강의에 대한 일반적인 평가에 대해 알 수 있었다. 집에서도 늘 하는 요리인데 아동과 하는 요리라고 해서 어려울 일이 뭐가 있겠냐는 인식이 있는 것이다.

익숙해 보여도 쉽지 않은 요리 수업, 어려워 보여도 노력하면 할 수 있는 요리 수업이 바로 아동요리 수업이다. 누구나 도전할 수는 있어도 아무나 계속할 수 없는 일이 아동요리 강의이다. 아동을 대상으로 하는 모든 강의는 내 분야인 아동요리 강의와 같은 맥락을 갖고 있다. 대상이 아동이라서 쉬워 보일 수도 있고, 대상이 아동이기 때문에 어려워 보일 수도 있다. 아동을 대상으로 강의하는 강사는 자기 분야에 관한 연구와 아동 특성에 관한 연구를 함께 해야 한다. 강의 내용이 아동에게 미칠 영향에 대해 연결 지을 수 있어야 한다. 아동요리를 예로 들면, 재료를 썰고 볶는 활동이 아동의 소근육 발달, 관찰력, 자신감 향상에 어떻게 도움이 되는지를 알아야 한다. 누구나 도전할 수 있는 강의 분야에서 아무나 할 수 없는 강의를 하는 강사가 되려면 끊임없는 공부와 연구가 필요하다. 내 강의 분야에서 자신감이 생겼을 때 강의를 듣는 수강생에게 미치는 시너지 효과는 더욱 크다.

6

강사는 수강생의
열정을 먹고 자란다

강사의 사전적 의미는 학문이나 기술을 체계적으로 설명하여 가르치는 사람이라고 되어 있다. 강의하는 대상이 아동일 경우, 강사는 이러한 사전적 의미와 더불어 중요하게 생각해야 할 점들이 있다. 내 강의를 듣는 아동이 행복한가, 내 강의를 듣고 장래희망을 꿈꿀 수 있는가, 내 강의를 듣는 아동과 충분히 교감할 수 있는가이다.

이러한 점들을 충족하기 위해 강사는 어떤 것을 유념해야 할까?

첫 번째, 아동에게 행복한 감정을 갖게 하려면 아동이 원하는 강의를 만들어야 한다. 아동을 대상으로 하는 강의는 학습, 취미 분야로 크게 나눌 수 있다. 학습의 경우는 자발적으로 아동이 원해서 강의를 듣는 경우보다 부모님의 권유로 듣게 되는 경우가 많다. 학습이라고 해서 무조건 하기 싫은 공부가 아닌 강의를 통해 재미있고 쉽게 다가갈 수 있는 공부로 만들어야 한다. 반면, 취미로 배우는 분야는 아동이 스스로 원해서 수강 신청을 하는 경우가 많다. 나의 주력 분야인 초등학생이 강의 대상인 경우는 만들기, 스포츠 분야를 흥미로워한다. 아동요리 또한 직접 만들고 먹을 수 있는 수업이기에 아동이 좋아하는 강의이다. 초등학교 방과후 수업은 일주일에 한 번만 수업한다. 그래서 일주일마다 돌아오는 요리 수업을 수강생들은 기다린다. "제가 월요일은 진짜 싫어하는데, 요리 수업이 있는 날이라서 월요일이 기다려져요."라고 말하는 학생을 보면서 나 역시 행복함을 느낀다.

두 번째, 나의 강의를 듣는 아동이 장래희망을 꿈꿀 수 있어야 한다. 아동은 어릴수록 수많은 꿈을 꾸게 된다. 어른이 되면 경찰이 되고 싶고, 의사가 되고 싶고, 학교 선생님이 되고 싶다고 말한다. 점점 성장하면서 현실이라는 벽에 부딪혀 어릴 때 꾸었던 꿈들을 포기하거나 잊어버리게 된다. 아동을 대상으로 하는 강의를 하는 강사라면 아동이 자유롭게 꿈을 펼치거나 가졌던 꿈에 가깝게 가도록 도와줘야 한다.

또는 새로운 꿈을 갖도록 방향을 제시해 주는 것도 강사의 역할이다. 예를 들어, 장래희망이 수학자인 수강생이 "나는 수학을 좋아하니까 수학만 잘하면 돼."라고 말한다면 수학자가 되기 위한 길을 알려주어야 한다. 수학자가 되기 위해선 대학에 가야 하고, 대학에 가려면 수학뿐만 아니라 다른 과목도 함께 신경 써서 공부해야 한다고 말해주어야 한다. 물론 예외도 있고 부모님이 말해줄 수도 있지만, 아동은 의외로 강사의 말을 더욱 신뢰하기도 한다.

나의 강의 분야인 아동요리의 경우는 단순히 요리하는 게 재밌고 즐거워서 강의를 듣는 수강생들도 있지만, 장래희망이 요리사인 수강생이 많다. 요리사가 어떤 일을 하고 어떻게 하면 요리사가 될 수 있는지 궁금해한다. 그리고 요리하는 실력을 키우고 싶어 한다. 아동요리가 성인요리 강좌와 다른 점이 있다면 아동이 갖는 목적의식에 있다. 아동이라고 해서 본인이 무엇을 하고 싶은지 모르는 게 아니다. 방법을 모르는 것뿐이다. 나에게 어떤 특기가 있고 어떻게 하면 특기를 살릴 수 있는지, 어떻게 하면 꿈에 다가갈 수 있는지를 경험하게 해주어야 한다.

세 번째, 나의 강의를 듣는 아동과 얼마큼 교감할 수 있는가이다. 앞서 말했듯이 아동은 의외로 부모님의 조언보다 강사의 조언을 마음 깊이 새기는 경우가 많다. 이는 부모님보단 친하지 않지만, 선생님으로 부르며 존경하는 사람에게 갖는 일종의 기대심리이다. 그러므로 강사는 아동과 충분히 교감하여 기대심리를 충족시켜 주어야 한다. 아동이 장래희망에 대해 꿈꾸고, 강의를 통해 행복함을 느끼게 하는 것은 모두 아동과의 교감으로부터 시작한다.

그렇다면 아동과의 교감은 어떤 식으로 해야 할까? 그것은 바로 경청이다. 매끄러운 대화의 기본은 상대방의 말에 경청하는 것이다. 이는 대부분 사람이 알고 있다. 대상이 아동일 경우에도 마찬가지이다. 아동일수록 더욱 자기 말에 귀 기울여주기를 바란다. 일주일에 한 번씩 만나는 초등학교 방과후 수업의 경우, 일주일 동안 있었던 일들을 강사인 내게 이야기하는 수강생들이 많다. "주말에 놀이동산 갔다 왔어요.", "엄마가 새로 사주신 옷 입고 왔어요.", "감기에 걸렸지만 요리 수업받고 싶어서 얼른 약 먹고 나 왔어요." 등 학생들이 털어놓는 이야기들은 무궁무진하다.

때로는 친구와 싸워서 속상하다는 말도 넌지시 꺼내기도 한다. 이는 서 로에 대한 신뢰가 있을 때 나눌 수 있는 교감이다. 설령 비밀 얘기라 할지 라도 강사인 내게 이야기할 수 있는 것은 그만큼 나를 신뢰한다는 뜻이다. 아동을 대상으로 하는 강의에서 강사와 아동 간의 신뢰는 무척 중요하다. 성장기에 있는 아동은 작은 말에도 상처를 받고 오해할 수 있으며, 그런 오 해들이 쌓이면 결국은 행복하지 않다고 생각하기 때문이다. 친구랑 싸워서 속상하다는 학생에게 "싸우면 안 되지."라는 말보다 "싸워서 속상했겠구 나. 그 친구도 속상했을 테니 용기 내 먼저 사과하는 건 어때?"라고 학생의 마음을 헤아릴 수 있어야 한다.

이러한 아동과의 교감은 아동으로부터 열정을 끌어올린다. "선생님은 내 말에 귀 기울여주시니까 이런 요리도 한번 해보자고 말해볼까?" 하고 의견 을 제시하기도 한다. 신뢰를 바탕으로 한 교감에서 열정이 우러나오고 그 열정으로 함께 발전해 나간다. 아동을 대상으로 한 강의의 특징은 수강생 과 강사가 함께 자란다는 것이다. 어른의 시각으로 보지 못했던 것들을 아 동의 눈을 통해 바라보고 더 나은 강의를 만들어 갈 수 있다.

강의에 있어 운영계획서는 매우 중요하다. 어떤 강의라도 강의하는 동안 무엇을, 어떻게 가르칠 것인지에 대한 계획이 있어야 한다. 기관마다 다르지만, 초등학교 방과후 수업의 경우 기본적으로 1년 치 커리큘럼이 필요하다. 학교에서도 연간 운영계획서를 제출하도록 하고 있다. 내 강의 분야인 아동요리는 2년 치 이상 커리큘럼을 확보해야 질 높은 강의를 할 수 있다. 유행에 민감한 요리 특성상 커리큘럼 내용도 자주 바뀐다.

　연속성이 없는 강의일 경우는 매시간 다른 주제로 강의한다. 그러기에 반복적인 주제로 강의한다면 수강생들의 외면을 받는다. "작년에 만들었던 요리인데 또 만들어요?" 하는 말이 나올 수 있다는 것이다. 자신이 무엇을 배우는지 관심이 없는 수강생들은 의견을 적극적으로 표출하지 않는다. 성격상의 이유도 있겠지만 열정과 열의가 있는 수강생들은 더 나은 방향으로 함께 나아가기를 바란다. '하나를 알려주면 열을 안다.'라는 말처럼 내가 제시한 조리법을 응용해 다른 방법으로 요리를 완성하는 경우를 종종 봤다. 아동의 창의성이 발휘되는 순간이다. 이는 아동요리 강의뿐만 아니라 아동을 대상으로 한 강의에서 많이 볼 수 있는 특징이다.

　내가 13년째 아동요리 수업을 계속할 수 있었던 이유는 바로 수강생의 열정이 있기 때문이다. "오늘 배운 요리로 집에서 또 만들어 먹었어요.", "지난주에 만들었던 요리는 정말 맛있었어요.", "처음 먹어본 음식인데 너무 맛있어요." 등 신나서 이야기하는 학생들 덕분에 나의 열정도 사그라지지 않는다. 수강생의 열정에 부응하기 위해 끊임없이 연구하고 공부한다.

나는 수강생의 열정을 먹고 수강생과 함께 자라는 강사다.

기억에 남는 선생님이 되는 것이 최종 목표

　아동을 대상으로 하는 강의는 내 강의를 듣고 수강생이 장래희망을 꿈꿀 수 있어야 한다고 말한 바 있다. 강사는 수강생이 교육기관의 정규수업 외에 받는 수업에서 바라는 것이 무엇인지 알아야 한다. 일반적으로 정규수업에서 배우지 않는 내용이거나 확장해 좀 더 깊게 배우고 싶을 때 수강생은 강의를 찾아 듣게 된다. 내가 강의하고 있는 아동요리 역시 그런 경우이다. 정규수업에서 깊게 배우지 않는 요리라는 분야를 내 강의를 통해 경험하고 익힌다. 유치원이나 초등학교 저학년 때부터 요리를 접하고 요리사의 꿈을 키운 아동은 조리 고등학교, 요리 관련 대학에 진학하여 꿈을 향해 한 발짝 더 나아간다. 이렇듯, 아동을 대상으로 하는 강의는 수강생의 진로를 결정하는 데 중요한 역할을 한다.

　또한, 이러한 강의는 수강생의 장래희망을 실현하게 할 첫걸음이기도 하지만 인생관을 정립하는 역할도 한다. 나는 수강생에게 요리를 가르치지만 요리를 통해 수강생이 자신만의 철학을 갖길 바란다. 아동이 성인과 비교하면 사유하는 힘이 적을 수 있지만, 방향을 잡아주면 그 힘은 점점 커지고 단단해질 것이다.

강의를 진행하다 보면 의외의 상황에서 아동이 어려움을 호소한다. "모든 재료를 엄지손가락 손톱 크기로 썰어 주세요."라는 말에 어떻게 썰어야 할지 모르겠다고 이야기한다. 자기 손을 보고 그 크기를 가늠하여 재료를 썰면 된다는 말이 어렵게 다가오는 것이다. 또는 케이크를 만들 때 빵에 생크림을 바르는 일을 어려워하기도 한다. 매끄럽게 바르라고 말하지 않았어도 제과점에서 보았던 케이크를 생각해 내곤 어려워한다. 그러한 과정을 어렵게 느끼는 것은 잘 해내고 싶은 마음에서 오는 두려움이다.

아동이 어려움을 호소할 때, 강사는 아동이 자신감을 느끼고 스스로 해결할 수 있도록 용기를 주어야 한다. 내가 자주 하는 말이 있다. 바로 "대충하세요."이다. 이 말은 성의 없이 아무렇게나 하라는 뜻이 아니다. 수강생과의 교감이 충분하다는 가정 하에 이루어지는 신호이다. 두려움에서 벗어나 시작할 수 있게 만드는 힘을 불어넣어 주는 말이다.

아동은 선생님을 존경의 대상으로 삼고 강사가 하는 말에 귀 기울인다. 대충하라는 말을 곧이곧대로 듣는 아동은 없다. 재료를 엄지손가락 손톱보다 크게 썰어도, 빵에 생크림을 덕지덕지 발라도 괜찮다는 말로 인지하고 용기를 낸다. 두려움 뒤에는 욕심이 자리하고 있다. 잘하고 싶은 욕심은 누구에게나 있다. 아동이 잘하고 싶은 욕심을 스스로 포기하지 않도록 해주는 일이 바로 강사가 해야 할 일이다.

　아동은 궁금해하는 것도 많고 궁금한 것을 물어보는 것에 대한 거부감도 없다. 이것은 학습 의지가 얼마나 있느냐에 따라, 같은 나이대의 대상이라도 천차만별의 모습을 보인다. 학습 의지가 있지만 타고난 성격에 따라 질문하는 것에 대해 어려움을 느끼는 수강생도 있다. 아동을 대상으로 강의하다 보면 이러한 수강생의 성격이 파악된다. 강사는, 수강생이 무엇을 궁금해하는지, 궁금하긴 한데 어떻게 질문할지를 모르는 수강생의 요구를 해결해 주어야 한다. 나는 아동요리 강사가 갖춰야 할 필수 조건에 체력, 빠른 손놀림, 눈 네 개, 귀 네 개라고 말한다. 강의에 필요한 요리 재료를 구매, 손질한 후 강의 장소인 학교로 이동하는 데에 적잖은 체력이 요구된다. 매일, 적게는 30명, 많게는 50명의 요리 재료를 준비하는 일은 체력적으로 힘든 일이다. 아무나 할 수 없는 강의라고 말한 이유도 강의 준비부터 힘을 쏟는 데다 강의가 시작되면 정해진 시간 안에 모든 요리를 마쳐야 한다. 그러기에 체력과 빠른 손놀림이 필수로 요구된다.

　체력과 빠른 손놀림은 강사 본인에게만 해당하는 요구사항이지만 눈 네 개, 귀 네 개는 수강생을 향한 필수 조건이다. 아동과 함께 요리 활동하면서도 다른 아동은 무슨 말을 하고 있는지, 무엇을 하고 있는지를 살펴볼 줄 알아야 한다. 선생님에게 질문하기를 어려워하는 아동은 친구한테 물어보기도 한다. "이건 어떻게 해야 해?"라고 친구에게 묻는 말이 교실 뒤쪽에서부터 들려오면 나는 바로 얘기해 준다. 재료를 채썰기 하라고 했는데 깍둑 썰기를 하는 학생이 보이면 써는 방법을 다시 알려준다. 그럴 때마다 아동은 선생님이 자신에게 관심이 있다는 것을 알게 된다.

따로 질문하지 않았지만, 원하는 것을 선생님이 먼저 제시하고 알려주는 것은 서로 간의 신뢰를 공고히 하는 일이다. 신뢰를 바탕으로 하는 수강생과의 교감이야말로 아동을 대상으로 하는 강의를 성공적으로 이끄는 필수 조건이다. 그러므로 수강생을 향해 눈과 귀를 모두 열어야 한다.

나는, 나에게 요리를 배운 아동이 성인이 되었을 때 나를 기억해 주었으면 한다. 플라스틱 칼도, 전기 프라이팬도 무서워했던 어린 시절의 내가 아동요리 선생님과 함께 보냈던 수업 시간은 행복했었다고 말해주기를 바란다. 나의 강의를 듣고 꿈이었던 요리사가 되었다는 소식도 들려오길 바란다. 그리고 요리사가 아닌 다른 길을 걷게 되었더라도 요리를 완성하기 위해 쏟았던 열정을 기억해 주었으면 한다. "선생님은 언제부터 요리를 잘하셨어요?", "선생님은 요리를 배우러 유학도 다녀오셨어요?", "선생님처럼 되려면 어떻게 해야 해요?" 등 아동의 궁금증과 질문은 늘 새롭고 끊임없다. 나는 나의 수강생인 아동에게 항상 하는 말이 있다. "배움은 끝이 없는 것이며 하고 싶은 일이 생기면 그때부터 배우면 된다."라고 말이다.

간혹 "대학 전공과 상관없는데 이 일을 해도 될까요?", "지금 배워도 늦지 않을까요?"라는 질문을 받는다. 아동과 마찬가지로 성인 역시 배움이라는 것에 어떤 선을 긋고 있는 듯하다. 내가 강의 시간에 아동의 질문을 받고 하는 대답처럼 하고 싶은 일, 배우고 싶은 일이 있으면 지금부터 하면 된다. 나에게 요리를 배운 아동이 이 말을 기억하고 성장해 주기를 바란다. 그리고 두려워하지 말고 한 걸음 내딛는 것에 용기를 내었으면 한다.

나는 나의 수강생인 아동과 함께 같은 꿈을 꾸기를 바란다. 아동이 나를 행복함을 안겨준 아동요리 선생님으로 기억해 주길, 나는 요리 시간에 행복한 미소를 지었던 아동의 모습을 오래도록 기억하길, 오늘도 나는 꿈꾼다.

선배 강사 오영주가 전하는 롱런의 비결

좋아하는 일보다는 잘할 수 있는 일을 찾아, 나에게 맞는 강의 분야와 대상을 정하는 것이 중요하다.

"이제는 도전할 때."

"내가 이 나이에 무슨?"
"지금 시작해서 언제면 전문가가 될 수 있을까?"

꿈을 꾸기엔 나이가 많은 것 같다는 생각이 들 때가 있습니다. 인생의 쓴맛, 매운맛 다 겪어 봤다면 이제는 꿈만 꿀 수 없다는 것도 알게 됩니다. 그런데도 뭔가 아쉽습니다. 아직 현실에 맞춰 살기에는 내 인생이 아깝습니다.

내가 찾은 두 번째 꿈이 강사라면 꼭 한번 도전해 보라고 권하고 싶습니다. 강사는 내가 하고자 하는 의지와 열정만 있다면 시도해 볼만 한 일입니다. 특히 요즘은 전문 강사 양성기관이 있고, 교육할 환경도 충분히 갖춰져 있으니까요. 초등학교만 하더라도 방과후 강사를 따로 채용하고 있습니다.

지방자치단체나 각 교육기관에서도 언제나 실력 있는 강사가 문을 두드려 주길 기다리고 있습니다. 만약, 이런 기회도 얻기 어렵다면 내가 일할 수 있는 학원을 선택해서 그곳부터 경력을 쌓아도 됩니다. 처음에 학원 강사로 시작했지만, 나중에는 원장을 꿈꿀 수도 있으니까요.

삭막한 사막에서도 물을 찾으려고 노력하는 사람에게는 오아시스가 보입니다. 이 책이 눈에 들어왔다면 여러분은 이미 강사계의 오아시스를 찾은 셈입니다. 한 사람의 지식과 경험은 그 사람의 한정된 정보일 수 있습니다. 내 시야가 그곳에 멈춰 버려 다른 방향은 찾을 수 없을지도 모릅니다. 반면, 여러 방면에서 경험한 사람들의 다양성은 내 관점이 넓어지도록 도와줍니다.

그렇기에 이 책은 더 가치가 있습니다. 만약 여러분이 지금부터 시작하여 이 정도의 경험과 지식을 얻으려면 오랜 시간이 걸릴 겁니다. 하지만, 이 책을 선택한 독자라면 이미 10년의 세월을 아꼈습니다. 각자 분야에서 최소 10년, 최고 25년간 쌓아 올린 베테랑 강사들의 지혜를 한 번에 얻을 수 있기 때문입니다.

강사가 되는 데 공식화된 성공 방식은 없습니다. 각자 다른 방식으로 나만의 경력을 쌓아가면서 이루어 냈을 테니까요. 걱정하지는 마세요. 선배 강사들의 알토란같은 지혜는 처음 시작하는 여러분에게 피가 되고 살이 될 겁니다.

이 책을 다 읽었다면, 이제는 실천할 때입니다. 나의 강의 분야를 정하는 것부터 시작해 보세요. 그 후, 어떤 곳에서부터 강의할 수 있을지 알아보세요. '강사'로 가는 길에서 막막할 때마다 이 책을 멘토로 삼길 바랍니다. 저를 포함한 6명의 강사님이 여러분을 응원하겠습니다.

"할 수 있습니다! 이제는 도전할 때입니다!"

기획자, 우희경